너무 많은 창문들

신정민
전라북도 전주에서 태어났다.
2003년 『부산일보』 신춘문예를 통해 시인으로 등단했다.
시집 『꽃들이 딸꾹』 『뱀이 된 피아노』 『티벳 만행』 『나이지리아의 모자』 『저녁은 안녕이란 인사를 하지 않는다』 『의자를 두고 내렸다』 『너무 많은 창문들』을 썼다.
최계락문학상, 지리산문학상을 수상했다.

파란에서 펴낸 신정민의 시집 저녁은 안녕이란 인사를 하지 않는다(2019)

파란시선 0164 너무 많은 창문들

1판 1쇄 펴낸날 2025년 9월 20일
지은이 신정민
인쇄인 (주)두경 정지오
디자인 이다경
펴낸이 채상우
펴낸곳 (주)함께하는출판그룹파란
등록번호 제2015-000068호
등록일자 2015년 9월 15일
주소 (10387) 경기도 고양시 일산서구 중앙로 1455 대우시티프라자 B1 202-1호
전화 031-919-4288
팩스 031-919-4287
모바일팩스 0504-441-3439
이메일 bookparan2015@hanmail.net

ⓒ신정민, 2025, printed in Seoul, Korea

ISBN 979-11-94799-11-5 03810

값 12,000원

*이 책 내용의 전부 또는 일부를 재사용하려면 반드시 저작권자와 (주)함께하는출판그룹파란 양측의 동의를 받아야 합니다.
*잘못된 책은 바꾸어 드립니다.
*지은이와의 협의 하에 인지는 생략합니다.
*이 책은 2025년 부산광역시, 부산문화재단 <부산문화예술지원사업>으로 지원을 받았습니다.

너무 많은 창문들

신정민 시집

시인의 말

저, 저것, 저런 것,
나는 나의 체험에서 벗어날 수 없다

차례

시인의 말

제1부
변곡 – 11
혼선 – 14
면의 이해 – 18
있다, 에게 휴가를 주기로 했다 – 20
뱀이 운다 – 22
맨홀 – 24
Blind – 26
피켓 보이 – 28
차경 – 30
파악 – 31
여름을 부르는 관찰 – 32
sample – 33
마음을 분석해 줄 공식이 있다면 – 34
그루잠 – 36
환상동물 사전에서 찾은 거짓말 – 38
연필 끝을 깨무는 버릇 – 40
바라크 – 42
3 of 4 – 44
PSO J 318.5-22 – 46
물 생활 – 48

제2부
컨테이너 – 51

젖은 뼈 – 52

웰던 – 54

3 of 4 – 56

나비 지뢰 – 58

데킬라 알러지 – 60

나는 왜 찬란한 봄의 꽃가루 알러지가 없는가 – 61

맞불 – 62

함묵 – 64

봄은 왜 여름이 되기로 했을까 – 66

키스 앤 러브 – 68

막대그래프 – 70

가난은 별걸 다 기억하지 – 72

아이스 브레이킹 – 73

正 – 74

찌 – 75

수집 – 76

기벽 – 78

있는 듯 없는 듯 – 79

울 100% – 80

나뭇가루 립스틱 – 82

있다, 가 내게 휴가를 준다면 – 84

가능성 콤플렉스 – 86

제3부
먹구름 레이디 – 89

페르시아나 – 92

친선 게임 – 94
후루꾸 – 95
Franc – 96
지나치게 화려한 어둠 속에서 – 98
끝장 – 100
화분인간 – 102
스타카토 블랙 – 104
옆 – 106
질서를 위한 아트 페어 – 108
나이트 옆 비숍 – 110
피곤한 비너스 – 112
가을은 왜 그토록 도망갔을까 – 113
봄은 왜 겨울을 버렸을까 – 114
수드라 – 116
재떨이가 된 유골함 – 117
고엽(枯葉) – 118
간당간당 – 120
나의 맹인은 왜 하필 벽 속을 더듬어 오시나 – 121

해설
구모룡 일상이라는 사건과 사물의 이면 – 122

제1부

변곡

호수를 기억해 내려는 몸짓
깃털 하나 낡은 오리털 잠바에서 빠져나온다

*

티피에 올랐더니
모닥불 주위에 둘러앉아 있는 목동들이 보인다
새들의 깃털로 장식한 모자를 쓰고 물담배를 피우는

*

양을 키운 사람이 양을 잡았다고
구루에게 말했더니 하산하라고 한다

양털 모자를 선물로 받은 사람 모자 하나로 따듯해진 사람
세상에 나가 자신의 이야기를 할 때가 되었다

드디어 꿈을 펼칠 수 있게 되었다고
그의 어깨에 깃털 하나가 내려앉는다

첫 강의 주제는 바닥이다

바닥이 없다는 것만큼 무서운 건 없다
무엇보다 믿고 있는 바닥을 의심하라
그의 강연을 듣고 있던 사람들이 추락하기 시작했다

하염없이 추락하는 사람들에게 돌팔매로 양들을 모는 사람이 보인다
돌은 양들에게 던지는 게 아니라 양들이 가야 할 곳으로 던져진다
양의 심장을 가진 사람들은 호수를 심연을 모른다

*

침묵을 밀고 가는 깃털을 보면
무엇이든 말해 놓고 들키는 느낌이 든다

세상 모든 것들의 가벼움을 이해한다면

우주의 마지막 수수께끼가 풀릴 것이다

모퉁이에서 모퉁이까지 사선으로 가로질러 갔다가 갔던 길을 돌려 다시 날고 있는 곡선이 보인다

*

무엇을 어디서 가져왔는지
그것을 어디로 가져가는지

중요한 건 우리 모두 다른 곳에서 온 꼭짓점을 가지고 있다는 것

한곳에 모이기 위한 방향들
방향이 되지 않으려고 도망치는 깃털들
실은 추방되는 것이다

*

한 문장에서 다음 문장이 빠져나온다

혼선

—

　피정 끝난 사람들을 태운 전세 버스가 골목으로 들어선다

　퇴근 시간엔 샛길도 막히는 법, 버스가 뒷골목에 끼어 버렸다

　얼떨결에 홍등 아래 서 있는 사람들의 포즈를 본다

　나체에 가까운 23번과 눈화장 짙은 16번이 눈에 들어온다

　겨우 깨끗해졌는데 더럽힐 일 있냐고 누군가 운전수에게 항의한다

　나는 정글을 삼킨 홍학이나 생각하기로 한다

　삼백육십 도 회전이 가능한 목뼈를 깃털 속에 넣고 자는 동물

　골목만 한 습지가 없다

—

*

나뭇잎이 나를 잎사귀로 생각할 때까지
가방 속에 있는 시집을 언제 꺼내 읽어야 타이밍이 좋을지
망설이는 동안 책도 창녀일까, 생각부터 만지작거린다

생각의 진열도 배치가 중요하다

그래서 눈도 겨울이 길러 내는 작물이라 치자던 시인을
생각한다 민희라는 첫 애인의 이름으로 글을 쓰고 살아가
는 것이 마지막 소원이라던

책들의 호객 행위

*

수련은 한 방에 무너졌다

함께 살고 있는 줄 까마득하게 잊고 있었던 총천연색 어둠

후진이 최선이었다

버스가 찔끔찔끔 움직이는 동안

사흘이 멀다 하고 파출소에 들락거리던 철웅이 오빠가 난데없이 생각났다 가난한 청춘이 피워야 할 말썽 다 피우고 그 경험 삼아 시작한 번개탄 장사로 떼돈 벌어 폭삭 늙은 엄마를 황후처럼 모셨다는 소문은 아직도 훈훈하다

어떤 사색이든 가능한 사시사철

무 싹이나 보리 싹에 내려 쌓이는 눈을 상상하며 본 적 없는 민희와 철웅이를 생각하니 지루한 기분이 좋아진다

*

자기의 그림자가 애인인 줄 알고 행복해하는 해피 홍학과 정글을 통째로 삼킨 매는 비슷한 구도를 가진 한 작가의 그림이다

나는 두 개의 그림을 가진 테이블 위에 책을 내려놓을 것

이다

  펴면 앉은뱅이 식탁이고 접으면 액자가 되는 테이블

  덕분에 방을 접었다 폈다 할 수 있다

*

  버스가 길을 잘못 들어선 건
  아무래도 우리가 못 본 것들의 아름다움을 보여 주려는 것일지도 몰랐다

  *나뭇잎이 나를 잎사귀로 생각할 때까지: 롭상도르찌 을지터그스.

면의 이해

一

    누군가 힘껏 잡아당겨 한없이 길어진 장방형 벽에
그가 붉은 칠을 하고 있다

    지우는 일인가
    거듭나는 일인가

    모든 벽이 문을 향하고 있음을 덧칠은 다시 한번 보여 주고
있다

    으깬 잇꽃과 잘 말린 암컷 연지벌레 가루가 담긴 양동이가
그를 따라다닌다
    극한상황에서 더 붉어진다는 안료

    색은 색을 불러들인다

    쉽거나 한가로워 아무것도 아닌 일
    붉은색은 더 붉은색으로 조금 더 분명해진다

二

    칼에 찔린 짐승들이 뛰어다닌다 솟구치거나 낭자해진 시
간들을 감추기 위해 붓을 휘두르는 그가 까마득한 곳에서

달려오고 있는 비린내를 덮는다

정신이라는 입체, 보지 못한 평면들을 위해
젖은 습자지 같은 오늘을 어제 위에 펼치고 있다

벽이 태어난다
면은 세우는 것이 아니라 펼치는 것

서두르지 않는 의식
따듯한 오후 한때가 지그시 바라보고 있다

칠해야 할 벽이 자꾸만 길어지고 있다

있다, 에게 휴가를 주기로 했다

있다, 에게 휴가를 주기로 했다
지친 내색이나
불평 따위 없었지만
그냥 며칠
쉬었다 오라고 했다
오고 싶을 때 오라 했다
깊이
잠들 수 있는
눈꺼풀과
여러 가지 맛을
느낄 수 있는 혀
어딜 가도 주의 깊게
볼 수 있는
복잡한 눈을 챙겨 가라 했다
있지 않은 것은
오래된 수수께끼
이유 없는 불이익을 당할지라도
모든 말을 벗어던지고
자신을 잊어 보라 했다
어린 시절

동경했던 휴양지
그곳이 어딘지
밝힐 필요까진 없다 했다
모든 걸 잃어버리는 불상사에도
살아남으면 된다 했다
키우는 꽃들도
대신 보살펴 줄 테니
어딜 가든 걱정 말라 했다

뱀이 운다

一

나는 평생 나를 못 보고 죽을 것이다

의탁할 수밖에 없는 천형

능사가 울면 뱀들이 온다
풀어놓은 닭을 피해서 돼지우리를 돌아서

주어진 운명에 다가가고 있어
마주치지 않았던 운명이 있다

불행과 다행의 한 끗 차이
독 없는 능사의 울음이 울음을 삼킬 수 있도록

목숨 걸고 왔고 목숨 걸고 돌아선다

무사하다는 것
기약 없는 바닥을 밀며 간다는 것

다시 살아 있다는 것

一

*

뱀을 잡으면 뒤꼍 화장실 가는 길 아래 묻었다 오가는 사람들이 묻힌 뱀을 밟아 댔다 보이지 않는 뱀 어떤 뱀은 닭장 근처에 구덩이를 파고 묻었다 얼기설기 흙 덮어 놓은 자리에서 구더기들이 올라오면 닭들에게 던져 주었다 닭들은 온몸의 깃털이 몽땅 빠졌다 빠진 깃털이 다시 날 때까지 사람들은 기다렸다 눈부신 깃털을 가진 닭은 함부로 잡지 않았다

*

나는 내 눈에만 밟혔다

맨홀

정면으로 바라볼 수 없는 것

단 하루도 자신의 위치를 바꾼 적이 없는 것

나는 마침 태양금속공장 앞을 지나가고 있었고

길이라고 숨구멍이 없을까

다진 흙으로 틀을 만들고 쇳물을 붓는 신이 있어

달궈진 주물이 식을 때까지

한낮은 뜨겁고

눈에 띈 불량품을 찾아 부수는 자들이 있어

하루는 용광로에 던져지고

아이들의 그림 속에는 언제나 건널 수 없는 강이 흘러

바닥에 이상한 나라의 동전들이 뒹굴고

아무도 줍지 않는 푼돈

죄를 쌓을 수 있는 곳은 이번 생뿐이라서

깨금발 딛고 올라선 절벽에 사다리를 그리고

토막 난 철로 같아서

낭떠러지를 노래하는 자들이 몰려오고

울지 못한 눈물 때문에 날씨는 점점 더 건조해지고

절망을 응원하느라

눈부신 하늘을 향해 눈은 찡그려지고

Blind

―

아무것이나 보지 않는다

내 손바닥에서 사는 달팽이가
검은 무지개를 갉아먹는 것은 본다

수명이 십 분뿐인 구름에게서 얻어 놓은 기회,
끈적끈적한 무지개가 뭉게뭉게 기어가는 것은 본다

검은 달팽이들에게
나는 흰 모래밭에서 사라진 빵 공장

폐허를 지키는 그것,
무너진 벽돌담은 모두 건조해진 식빵

그까짓 눈이 숨긴 것과 감춘 것은 어떻게 다른가

일곱 개의 태양과 아홉 개의 달이 떠 있는 하늘 아래로 후줄근한 별들이 그려져 있는 셔츠를 입고 더듬더듬 집을 나선다

―

나의 반려, 클리오네가 빵 부스러기를 향해 입을 벌릴 때
귀밑까지 찢어지는 현실은 못 본 척한다

그래, 아무것이나 보지 말자
모든 것에 모든 것이 있다 해도 재가 되어 버릴 모든 것

가위바위보를 할 때 한 번씩 이길 수 있게
잘못도 세 번 용서도 세 번 할 수 있게

세상의 모든 거울이 나만 바라볼 수 있게

피켓 보이

　여기
　기타 학원이 있다고
　다라 뮤직 스튜디오 입구에 낡은 기타가 세워져 있다

　바디 전면에 붙여 놓은 기타 레슨

　말 안 듣다 쫓겨나 대문 앞에서 벌 받는 동생 같다

　들리지 않는 연주

　아무것도 할 수 없게 늙어서
　길턱에 앉아 지나가는 것들 바라보는 소원 같다

　생각보다 어려웠던 로망스
　망가졌어도 할 수 있는 일이 있어 다행이다

　여기
　자주 끊기는 현, 비가 내리고 있어

　공실 많은 이 건물도 언젠가 뜻밖의 연주를 할 것이다

소리 없는 주법 속으로 새벽이 걷고 있듯
첫차를 타러 가는 누군가의 발걸음 또한 코드를 짚는 것

못쓰게 된 기타
지금은 모든 노래를 다 부른 뒤

기타 등등이 되어도 괜찮다는 듯

마지막 일을 다하고 있다

차경

　죽은 쥐를 물고 가는 입과 꼬리 끝만 흰 고양이를 성공이라 부르겠네 아니 왜 하필 성공이야 따지지 않고 내 앞을 지나가는 너를 친구라 부르겠네 친구여 모든 문장이 과거형으로 쓰인 내 일기장도 물고 가 줄 수 있겠나 돋보기안경과 모나미 볼펜 항상 받아쓸 준비가 되어 있는 메모지는 내가 간직하고 있겠네 잠들기 전 머리맡에 적힌 잡동사니들 많아도 너무 많은 세상의 창문들 글을 쓸 땐 읽을 수 없다 불퉁거리고 읽을 땐 쓸 수 없다 불퉁거리네 아무리 높은 담장이라도 훌쩍 뛰어오르고 아무리 낮은 바닥이라도 훌쩍 뛰어내릴 줄 아는 순간이 참으로 멋있다네 배고픔이 아니라 움직임이 두려워 쥐를 잡는다는 고양이 지칠 때까지 갖고 놀게 될 결점 인정하는 것 극복하는 것 그게 성공 아니던가 입과 꼬리 끝만 빼고 온통 검은 친구여 죽은 나를 물고 어디든 가 줄 수 있겠나 그럼 내 자네를 크리스티앙이라 고쳐 부르겠네 크리스티앙 크리스티앙 너는 너의 흰색을 뭐라고 부르나 이 색은 말이야 여행하는 색이지라고 대답해 주겠지 그리고 나의 검은색은 사랑으로 태어나는 색이야라고 이어서 말해 주겠지 그렇게 흔들리며 나의 작은 수송선 한 척 뱃속의 발전기를 갸르르르 돌리며 멀어지고 있네

파악

나는 본능에 대해 비교 분석하는 쥐 철학자입니다 은신처인 벽 속에서 쥐들은 무엇을 익히고 있을까 연구 중인데요 그중에서도 귀소본능에 대해 구체적으로 접근하고 있지요 친숙하지 않은 장소를 통해 원래의 장소로 되돌아올 수 있는 태생적 성질은 많은 동물에서 밝혀지는 일입니다 제비처럼 비둘기처럼 낙타처럼 연어처럼 쥐들 역시 덫의 종류나 위치에 대해 배우고 있는 그들만의 학교가 있다는 걸 밝혀내는 것이 최근의 과제입니다 한 마리만 잡아선 해결이 안 된다는 것 이동 경로를 차단하지 않으면 소용없다는 것 자주 다니는 구간에 덫을 놓아야 한다는 건 상식이랍니다 가르쳐 주지 않아도 아는 것들 손에 잡히면 무엇이든 입으로 들어가는 아기들의 주먹같이 태어나자마자 육아낭 속의 젖꼭지를 찾아가는 캥거루 새끼같이 배우지 않아도 아는 그들만의 방식을 정복할 수 있는 방법을 찾고 있는 중입니다 먹이와 물의 공급처 침입 경로와 배설처를 찾아다니는 나의 최종 목적은 무엇보다 살아야 할 곳으로의 적응 시간이 제일 긴 동물이 무엇인지 밝히는 일입니다 돌아오려고 떠나는 세계에 대한 추구 같은 것이라고나 할까요

여름을 부르는 관찰

청도역에 내려 소싸움장으로 가는 택시는 만차가 될 때까지 손님을 기다렸다 담배를 물고 사라지는 운전사를 바라보며 나는 어쩔 수 없이 모르는 사람들을 기다렸다 이마로만 싸우는 소들을 생각하면 지루하지 않았다 뿔을 쓰지만 자신에게 뿔이 있다는 것 뿔로 상대를 찔러야 한다는 것을 모르는 소들이 좋았다 소들의 눈 속에 내가 있는 것도 나쁘지 않았다 한번 잘살아 보자고 벌려 놓은 싸움판에 관중석이 찰 때까지 기다리는 소싸움 싸움이 뭔지 싸울 때마다 다시 생각하기 시작해야 하는 소들을 위해 구경꾼들을 위해 기다리는 것쯤이야 아무것도 아니었다 죽기 살기로 싸우는 중이라는데 꼼짝하지 않는 건 두 소의 힘이 비슷하기 때문 모든 싸움이 그랬으면 싶어 나는 목 근육도 부족하고 꼬리도 짧은 소를 응원했다 내가 응원하는 소들은 언제나 졌다 피하면 지는 것이었다 피하면 지는 걸까 되새김해 보는 것도 심심치 않았다 역이란 역은 다 서고 역 비슷하게 생긴 건물만 보여도 정차하던 열차 그 열차들의 시간은 다 어디로 갔을까 움직일 생각 없는 청도역전 택시에 앉아 전 좌석이 자유석인 싸움터를 미리 가 보는 것도 그럴 듯했다 아무리 멀리 가봤자 싸움판 한가운데 멀리라는 말 속에 들어 있다는 떠나보낸다는 말로 시간의 이마를 들이받는 것도 쏠쏠했다

sample

    모니터로 관찰되고 있는 그는 하루 종일 뒷걸음질치고 있다 일인용 철제 침대가 있는 좁고 흰 ㄷ근 자 방에서 침대와 벽 사이를 종종걸음으로 움직인다 DOG & GOD 신은 왜 하필 개와 활자를 뒤집어 쓰기로 했을까 아니지 거울이 한 짓이지 갑자기 나타난 벽은 낯선 곳에 서 있는 그를 그의 앞을 뒷걸음질로 되돌려 보낸다 불특정 다수의 관찰자는 그의 변함없는 방향을 확인하며 쯧쯧 혀를 차고 자신을 뒤돌아볼 줄 모르는 앞은 검은 외투가 놓여 있는 침대와 벽 사이를 함께 걷는다 식욕은 좋은데 체중은 왜 줄었을까 모니터링이 계속되는 동안에도 두 팔은 여전히 늘어져 있다 MOM & DAD 앞으로 읽어도 같고 뒤로 읽어도 같은 자들이 그의 비극을 건드렸을까 아니지 나쁜 사람들이나 하는 짓이지 침대를 돌고 있는 그의 뒷걸음질과 뒷걸음질 속에 감추어진 무상무념이 그를 벽에 붙여 걷게 하고 있다 내용 없는 아름다움처럼 모니터 왼쪽 상단에서 깜박이고 있는 오전인지 오후인지 알 수 없는 5시 45분 58초가 그를 잡아당겼다 풀었다 한다 같은 장면을 여러 번 되감기해 보는 관찰자 또한 흘러내린 바지를 끌며 걷는 그를 놔줄 생각이 없다

*내용 없는 아름다움처럼: 김종삼, 「북치는 소년」.

마음을 분석해 줄 공식이 있다면

누군가 오려 낸 등가죽을 보여 주었다
 처음엔 희고 티 한 점 없었는데 잘 익은 딸기 씨앗처럼 피부의 숨구멍들이 점점 더 선명해졌다

 그것이 무엇인가요

 묻기도 전에 긴 타원형의 위치를 돌려 보여 주었다 그때 잘 닫혀 있는 항문인 듯 보이는 이곳이 이 악기의 주둥이라고 했다

 이곳에 숨을 불어넣어 볼게

 튼 살이 만들어 낸 거무튀튀한 실선들이 부풀었다 바람이 새지 않게 묶어 놓은 목과 다리 넷은 보온 물주머니처럼 생긴 악기였다 나는 묶인 곳을 풀고 입을 대고 불었다

 조만간 터질 듯 부푼 풍선

 나는 이 꿈의 해몽을 위해 싫어하는 수학책 세 권을 빌렸다 만물의 공식과 작은 수학자의 생각실험 그리고 주사위

놀이였다

　꿈에 보았던 악기를 스케치해 놓은 포스트잇을 버리고 책을 읽기 시작했다 구멍 하나하나에 잘 익은 딸기 씨앗들이 아무래도 분명했다

　이상한 꿈에서 이상한, 이란 수사를 지워 주세요

　땀구멍이 큰 등가죽을 보여 준 사람의 목소리를 들었다 그것을 내게 보여 주기 위한 손가락이 보였다 놀랐는지 태연했는지 땀구멍 하나하나가 까만 눈동자였다

　등가죽의 방향을 다시 돌려 볼게요

　꿈속에 돼지가죽 배가 떴다 부푼 가죽 배를 타고 강물이 가자는 대로 떠내려갔다

그루잠

─

 욕조에 사람들이 가득 앉아 있다 쌍꺼풀이 굵고 피부가 검은 곱슬머리 아이야 네가 몸의 아들이구나 엄마는 어디 가고 너 혼자 있니 네 옆에는 고인이 된 할머니가 있단다 아모레인지 쥬단학인지 화장품을 팔고 다녔던 어머니 뵌 적 없지만 하나도 늙지 않으셨네요 얼굴에 주름 하나 없이 늙는 비법은 축하받을 일이지요 그런데 보이지 않는 몸은 찾아야 하는 걸까요

 처음 본 사람이 강둑에서 잠자리를 잡고 있다 우리는 아는 사이처럼 인사를 나누었다 잠자리채가 누구의 것이었는지 궁금해하는 동안 몸의 가족들은 휴가 중이었고 광주와 전주 사이 어느 마을에선가 개척교회 목사님이라고 자신을 소개했다 그러자 길쭉한 직사각형 방들이 교회라면서 나타났다 무릎이 닿을 정도로 붙어 앉은 몸들이 설교를 듣기 위해 기다리고 있다

 어디든 앉을 만한 자리를 찾다가 한쪽 다리가 부러진 의자에 앉았다 쏠리지 않았으니 다행이었고 그곳이 욕실이든 교회이든 상관없었다 다만 찾고 있는 몸이 어딘가에 있으면 좋으련만 누군가 취업 시험을 보러 교회가 있는 도시의

─

초등학교를 찾아오고 있다 나도 마침 그곳으로 가는 중이
었고 이 모든 것이 사실이라면 찾지 못한 몸은 찾고 있는 몸
밖에서 벌어지고 있는 사실인 게 분명했다

환상동물 사전에서 찾은 거짓말

너는 무슨 새가 헤엄도 못 치니
오리가 새에게 말했어요
너는 무슨 새가 날지도 못하니
새가 오리에게 말했어요

속눈썹을 그리고
동네 어귀에 있는 bar를 생각하며 머리를 빗고

대용량 팝콘 컵을 껴안고 전쟁영화를 보고
표정 없는 가족들의 파라다이스를 상상하고

내일은 그곳으로 가족 소풍을 가기로 했고
가족 소풍 같은 계획 같은 건 애초에 있지도 않았고

우리를 말해 주기에 충분한 계획은
키스톤 없는 다리를 또다시 걷게 하고

높은 음색을 가진 플루트는 물 위에 떠 있고
비구름은 현상일 뿐인데 자연스럽게 소풍은 연기되고

TV 소리 때문에 귀가 먼 우리는

사지로 흘러가는 강 같은 평화를 사랑하고

구하지 않아서 얻게 된
사랑은 조금 덜 사랑하는 쪽이 이기는 것이고

약속 같은 거 거뜬히 없었던 것으로 해 줄 수 있고
취약하고 섬세한 손짓이 마련해 준 외출 준비는 안쓰럽고

전쟁은 끝날 생각이 없고

날마다 다시 잡는 약속처럼
아무도 살지 않는 집에 가족들 하나둘 모여 살고

문은 곧 닫히려 들고
TV 볼륨은 점점 더 커지고

거실을 가로지르는 강 같은 평화는 더 깊어 푸르러지고

*너는 무슨 새가 헤엄도 못 치니 ~ 새가 오리에게 말했어요: 프로코피예프 동화.

연필 끝을 깨무는 버릇

―

스쳤을 뿐인데
종이에 손을 베었다

벌어진 살갗에 집중하는 감각들

반성문이나 연애편지가 될 수 있었던 백지
이야기로 시작된 시가 적혀 있을 수도 있었는데

피를 보지 못해 더 쓰린 상처에서
수면을 박차고 오른 숭어를 본 것 같다
의뭉스러운 종이 위로 다시 솟구치는 것이 있다면

웃는 숭어
개도 안 먹는다는 여름 숭어
조금 전 사라진 그 숭어라 생각하기로 했다

풀 먹인 이불 홑청 같은 감정에게
다크 블루 비비드 블루와 같은
별칭을 붙여 주며

―

한 다스의 연필을 깎는다
불량 지우개를 싫어하는 종이 위에

문득,
사슴뿔을 가진 숭어 떼가 솟구치고
사슴뿔이 흔들어 놓은 순백의 나뭇가지들이

백지 위의 설원 한 컷을 집요하게 묘사한다
아픈 게 뭔지 알기나 하냐고

바라크

은혜 아버지는 누드를 찍는 사진작가다 은혜네 집에 놀러 갔을 때 방문들이 닫혀 있어 사진은 한 장도 보지 못했다 열면 안 된다고 빨간 종이가 찢어질 거라고 실수도 안 된다고 했다 불법이 뭔지 몰랐고 한창 재미있던 토끼몰이도 멈출 순 없었다 여기저기 붙어 있는 딱지 때문에 부엌 딸린 거실에서만 뱅뱅 돌았다 토끼는 두 귀를 보여 주며 여기저기 잘도 숨었다 열면 안 되는 방문 때문에 더 신이 났다 토끼가 집 밖에 있을 리 없었다 얼굴이 희고 코가 납작한 은혜는 잘 웃었다 웃을 때마다 얇은 입술이 찢어질까 봐 걱정이었다

뛰는 토끼는 잘도 숨고 숨은 토끼는 잘도 뛰어서 토끼가 나타날 때까지 기다릴 순 없었다 뛰다 보면 뛰고 있는 우리만 남았다 잡으려는 것 찾으려는 것이 있다는 건 지치지 않는 놀이였다 토끼를 찾다가 산비탈에 있는 현자네 집까지 갔다 컨테이너에 사는 현자는 학교에 커다란 고무 슬리퍼를 신고 왔을 때부터 맘에 들어 사귄 친구였다 아무것도 부끄럽지 않은 현자가 부러웠다 친구 집에 놀러 온 은혜와 나를 위해 늙은 현자 엄마가 부랴부랴 키우던 토끼를 잡았다 그렇게까지 대접받을 줄 몰랐다 씩씩한 현자가 더 가난해져서 학교에 오지 못할까 봐 걱정이었다

토끼 같은 거짓말은 어디서 붙잡아야 감쪽같을까 은혜네 집에서 놀다가 현자네 집까지 갔을 때 그 어중간이 딱 좋겠는데 거기엔 우리 집이 있었다 탱자나무 울타리 집 형사였던 아버지는 어쩌다 집에 오셨고 노래 잘하는 어머니는 외출이 잦았다 혼자 놀기는 어떻게든 재미가 없었다 할 수 없이 토끼를 키우기 시작했지만 코흘리개 동생들에게 줘 버리고 은혜와 현자와 밖으로 돌았다 마음 붙일 곳 있다는 건 다행이었다 친구들이 놀러 온 적 없는 우리 집 멈출 수 없는 토끼몰이를 하지 못했다는 것이 두고두고 걱정이었다

一

　엄마의 막말 중에 거처 없이가 제일 슬펐다 나를 슬프게 했던 말 때문에 핏속에 역마살이 흘렀다 청어 새끼는 솔치 갈치 새끼는 풀치 민어 새끼는 암치 나는 그럴듯한 아명이 없었다 어른이 되어서도 아이처럼 굴었다 거처 없는 마음이 나를 키웠고 상처받은 사람의 마음은 읽기 쉬웠다

*

　예수병원으로 가는 골목의 오월은 밭딸기 향기로 짓물렀다 병문안 가는 사람들을 기다리는 새벽이 좋았다 에로영화 여배우가 병든 다리를 잘라야 하는데 아름다운 각선미 때문에 집도의가 수술을 잠시 미뤘다는 소문보다 달달했다 방사선과에 다니던 영미 아버지가 흘린 말이었다

*

　허기가 져 냉장고를 열었다 부채살 때깔이 변하고 있었다 한 판을 다 구워 먹었지만 성이 차질 않았다 말랑말랑한 젤리로 입을 채웠다 내가 젤리를 좋아하는 건 젖먹이였던 나를 버리고 집을 나간 엄마 때문이다 못 먹어서 송장같이 마른

어린것에게 죄를 짓는 거 같아 돌아왔다고 했다

*

지옥과 지옥 사이에 있다는 천국 천국과 천국 사이에 있다는 지옥 진즉 알았다고 좋았을까 알았다면 그건 또 무슨 소용일까 머리 위로 던져졌다 떨어지는 동전의 윗면이냐 아랫면이냐 뭐 그런 걸까 우리가 정한 룰에 따라 달라진다는 천국과 지옥의 주소지가 내 인생에 뭐 그리 대수일까

PSO J 318.5-22

―   너와 나는 얼마나 먼가

  폭발한 별의 먼지였던 우린 다시 별이 될 것이다

  가스 뭉치가 되어 떠돌고 있는 우리 사이에 쇳물이 쏟아지고
  뜨거운 먼지와 녹은 철로 만들어진 나비 떼가 날아들 것이다

  수백만 년 된 탄소 덩어리와 밝혀지지 않은 왜성은
  언젠가 우리처럼 하나가 될 것이다

  사랑한다는 고백을 하기도 전에 입술이 흘러내리고
  비를 피한 사람이 너여서 죽을 만큼 뜨거운 시절이 생길 것이다

  줄 풀린 개처럼
  탈출했거나 홀로 태어난 그때
  비를 맞으면 키가 큰다는 말을 믿기도 했던 그때

―

하루 종일
절만 하는 수행승처럼
침묵부터 배우는 수사들처럼

여기,
죽지 않을 만큼만 뜨거운 폭포수 아래

별들의 근육마저 흘러내려
무언가를 탓하지 않고는 견딜 수 없는 거기,

여기와 거기는 또 얼마나 멀기만 한가

눈앞은 어쩌자고 이다지도 먼가

물 생활

―

　내가 기르는 물고기는 인간이 되고 싶은 생각이 추호도 없다 그늘에서도 물때가 끼는 어항 청소 언젠가 그만두고 싶다 그러니까 귀찮아진 나의 취미는 우연히 알게 된 몸포우의 노래와 춤을 즐긴다 은밀하고 다정한 갈색 머리 소녀여 거울 줄게 활짝 피어 다오 하늘거리는 주름치마를 펴고 공격해 다오 나의 유일한 적 나를 향해 돌진해 다오 위협은 언제나 아름다워 아름다운 지느러미는 겁쟁이의 춤을 춘다 한 컵의 물속에서 살아가는 적막 내겐 비어 있는 어항이 있고 사라진 물고기들이 있다 죽음의 없는 순서를 위해 한 줌 흙을 퍼낼 화분과 꽃삽이 있고 시간이 된 정원과 시간이 된 소녀를 묻어 줄 한가함이 있다 그러므로 나는 기르는 물고기에 대해 한마디도 쓰지 못한다 거울 속의 거울들 반복되는 소녀들이 아가미를 펼치고 지느러미를 펼치는 페어링 그것이 서로의 뺨을 어루만지기 위한 제스처라 믿는다 물의 영역 다툼 죽는 날까지 비가 내리는 이상한 나라에 손바닥만 한 거울을 들이밀며 고독을 확인한다 나 또한 물고기가 되고 싶은 생각이 추호도 없다는 결심으로 물을 배운다

―

제2부

컨테이너

이 밤은
눈먼 목수의 먹줄을 어디로 튕겼을까

수리 한 마리 정지 비행 중이다

단 하나의 자세로
지치고 힘들 때 가고 싶은 나라는 아주 멀리 있다

헌 옷 자루를 싣고 백야를 향해 간다

심연은 순록을 몰고
사냥꾼은 시간을 끈다

가질 수 없는 불빛들
깨질 수 있으니 던지지 말라던 상자들

둥근 창을 갖지 못한 집들이 어둠에 가라앉고 있다

다시 묻는다
나는 왜 전망 좋은 곳에 흰 나무집을 짓는 목수가 아닌가

젖은 뼈

풀벌레 소리가 만들어 낸 흰빛을
나는 새벽이라 부른다

너무 커서 들리지 않는 소리를 대신하여
눈앞에 피어 있는 쑥부쟁이

나는 왜 죽은 동생을 수습하며 나온 정강이뼈로
자치기를 하고 싶었다는 사람을 기억하고 있는 걸까

잎자루에 맺힌 물방울 실에 꿰어 명치에 걸어 놓는다

안녕과 불안을 씨줄 날줄로 얽어
울음판 송곳 삼아 여기저기 구멍을 내는

습
기
를
따
라
내

려
간
다

때아닌 우기
뼈 피리 만들어 불어 볼까

귀를 닫으면 들끓는 혈류 소리
미쳐 뛰어오고 있는 말발굽 소리

무덤 밑 까마득한 곳에 물이 흘러
흉사가 많다던 점쟁이의 점사가 영 켕기는데

쯔ㄹㄹㄹㄹㄹㄹㄹㄹㄹ
살아 있다고 흰빛이 울어 댄다

웰던

육고기가 생각나

송곳니를 혀끝으로 만져 보면

식욕이 돈다

아는 맛이 무섭다

시간당 400마리의 송아지를 도살하고
스키너를 맞고도 정신을 차리고 있는 송아지가
산 채로 껍질 벗겨지는 현장을 기록한다

커다란 눈망울이 끝내 아무도 비난하지 않는지

좁은 통로를 일렬로 걸어가는 엉덩이를 따라간다
통로 끝에서 나타나는 금속 막대를 바라보며
기울기 시작하는 바닥을 걷는다

어렴풋

깨끗한 살해

방혈 구역에 들어선 나는

잘 익힌 양심

마블링 좋은 몸을 달궈진 팬에 올리기 시작한다

*깨끗한 살해: 마이클 폴란, 『잡식동물의 딜레마』.

살구나무의 사월 아래 서성이는 사람들 꽃 지면 씨알 어디 생겼나 올려다보지요 시간은 흘러가는 것 아니라 당신을 떠나는 것인데 아픈데 분명히 아픈데 원인이 없다는 의사의 처방 같은 것이었지요 건빵 속 별사탕같이 어쩌면 몰래 약이 되기도 하는

*

　은행 냄새 고약한 건 손대지 말란 뜻이지요 신으로부터 독립하기 위한 은행만의 최선 아니겠는지요 주렁주렁 지켜야 할 목숨 지켜야 할 외로움 살아가는 데 필요한 최소한의 영양분이겠지요 내가 나를 사랑할 때 가장 먼저 꺼내는 약점 같은

*

　어릴 적 머리맡에 붙여 둔 껌은 수시로 사라졌지요 오물거리는 동생의 입 할 수 없이 바닷가에서 주워 온 돌멩이 굴려 보는데 아무리 굴려도 돌멩이였지요 한 지붕 아래 아홉 식구 거꾸로 글을 쓰는 동생의 필법 때문에 거울 앞에 서서

글을 읽어야 했지요

*

　방생된 물고기가 뭍을 맴도는 건 울 핑계를 찾고 있는 구름 같은 것 모음으로만 노래하는 샹송 같은 그것 새싹은 어둠이 무서워 더 어두운 곳으로 찾아가는 힘을 가졌다 했지요 배워서 되는 것 아니라 누구에게나 이미 있는 어린 원추리의 착한 순 같은

나비 지뢰

　밤마다 놀이터를 찾아 모래밭에 엄마를 묻고 다닌다 죽고 싶다는 엄살 지긋지긋해 하소연 들어 주느라 한숨도 못 잔 날에는 새벽에도 집을 나선다 숙제를 거르지 않는다

　비밀 창고에서 조립된 문장들을 한 어절씩 부러뜨린다 어떤 날은 안 된다는 단어 하나만 묻고 다닌 적도 있다 무엇이 왜 안 된다는 건지 앞뒤 없어도 안 되는 것들이 있었으니까

　어느 날 아침 발견된 나비 지뢰 불량품이 뉴스를 장식한다 누구의 짓인지 시끄러운 척했지만 끝까지 밝히려 들진 않는다 아무도 다치지 않았으니 다행이라고 불발탄을 수거해 간다

　아이들의 꿈에 날개를 달아 주고 싶었다 소원은 이루어지지 않을 때가 많지만 날개 없이 날아다니는 꿈도 있다는 것 이상한 나라에 살고 있지만 헛된 꿈은 아니라는 것

　장난을 좋아하는 아이들 발목을 다친 적 없지만 고양이가 똥을 묻어 둔 모래밭은 얼마든지 있으니까 묻어 둔 핏줄을 확인하는 것 놀이터에서 아이들의 모래 장난 같은 숙제를

해결할 때도 있다

오늘은 사. 는. 게. 재. 미. 없. 다. 는 엄마의 문장을 묻기로 한다 세계에서 가장 아름다운 건축물은 묘지래 우리 타지마할로 여행 갈까 속삭여 왔지만 아직은 아이들을 돌봐야 해서 갈 수가 없다고 했다

데킬라 알러지

여섯 번째 잔에 있어요 다섯 번째 잔까지 마시고 일곱 번째 잔으로 넘어가야 하지요 백 년에 한 번 피었다가 죽는 용설란 따듯한 기후를 가진 곳이라면 당신의 기분 어디서나 키울 수 있어요 당신의 울타리 당신의 화분에서도 가능하지요 원샷이 어울리는 기분 쭈-욱 들이켜고 캬-아 하고 내려칠 수 있지요 취하기 위해 지켜야 할 루틴 메스칼의 붉은 벌레 건조한 사막의 기운 술꾼들은 누가 그 벌레를 먹을 것인가 마지막 내기를 하지요 뒷맛은 달고 끝맛은 부드러운 할라피뇨 입천장을 감싸며 올라오는 멕시코가 혀끝에서 사라져 버리죠 소금으로 닦아 낸 미각 마비시키기 위해서 다섯 번째 잔에서 일곱 번째 잔으로 넘어가는 것 잊지 말아야 하지요 아무도 본 적 없는 알러지 처음 만난 사람을 뜨겁게 사랑해 온 사람으로 바꿔 줄 수 있다면 명심해야 하지요 평범하고 순진한 사람 이 시대 최고의 광대로 만들어 줄 순간을 위해 마셔선 안 되는 술잔이 있지요 늑대를 잡으려면 늑대의 시간에 움직여야 하지요

나는 왜 찬란한 봄의 꽃가루 알러지가 없는가

나선형 빗줄기들이 가로등 아래서 춤을 추고 있다 빗소리로 몸을 씻고 있는 노파는 작은 욕조 곁에서 거품 없는 비누칠을 하고 있다 늘 켜져 있는 라디오는 직직거리며 어느 사형수의 편지를 읽고 있다

봄은 아직 멀었다 물은 얼음장이 되기 위해 속도를 늦추고 있다 물고기의 봄과 우리의 봄이 달라서 반복해 피는 꽃들을 기다리는 것인지 미장일을 배웠다는 사형수의 마지막 문장에서 내레이션이 말을 더듬는다

거푸집을 뜯어낸 벽면에 고르게 펴 바른 시멘트 냄새처럼 일정한 순서 일정한 배열로 이어지는 사형수의 자술서는 아무도 귀여겨듣지 않는다 단 하나의 목적지 모든 질서는 또 다른 질서로 이어질 뿐

춤추는 빗줄기의 문장과 몸을 씻는 노파의 문장과 집행된 사형수의 문장은 동시에 기록된다 갈망은 신비로 비밀은 믿음으로 그런데 나는 왜 말더듬이가 아닌가 말이 나를 더듬을 때까지 기다리고만 있는가

맞불

―

기름때는 기름으로 지워지듯
절망 역시 절망으로

이 흔해 터진 읊조림 때문에
성냥공장 아가씨는 휴지통에 또 불씨를 떨어뜨렸다

달려드는 이데아
희망은 불쏘시개여서 화력만 돋굴 뿐

궁극,

변하지 않는 것
웃기지만 되고자 하는 것
모든 것이 사라져도 남아 있는 것

그러니까 그러니까
끝은 절망에 가까울까 희망에 가까울까

웃는 건지 우는 건지 알 수 없는 이목구비들

―

혼자, 는 영원히 타지 않아
입버릇처럼 죽고 싶을 때

죽을힘을 다해
자신에게 밥 한번 먹자 마지막 문자를 남긴다

늦기 전에
내가 네게로 번지기 전에

함묵

돌멩이를 기른다
말이 없어 좋았고
통하지 않아서 좋았다
할 말은 얼마든지 있었다
하고 싶은 말도 많았다
그러나 침묵처럼 참을성을 길렀다
움직이지 않는 자세를 잡기 위해
몸을 자주 뒤척이긴 했다
그런 날엔 코를 심하게 골았다
이마에 뿔이 생기기 시작한 돌멩이
그 어떤 비밀도
지켜 주겠다는 약속처럼 자랐다
목에 칼이 들어와도
입을 열지 않겠다는 약속
아프지도 않고 보채지도 않아서
쓰다 달다 가타부타 투정 없어
더 외로웠다
풀어놓은 망아지처럼 뛰어다녀도
부르면 언제나
제자리로 돌아오는 돌멩이

언젠가 처음이자 마지막 한마디
해 줄 수 있을 때 듣고 싶은 말
오늘이 무슨 날이야
내가 가장 좋아하는 날이야
돌멩이 말문 여는 날
그날을 기다린다

*오늘이 무슨 날이야 내가 가장 좋아하는 날이야: 곰돌이 푸와 피글렛의 대화 중에서.

봄은 왜 여름이 되기로 했을까

─ 화가의 완벽한 멀미
　　작은 원탁 앞에 앉아
　　아무것도 바라보지 않겠다는
　　표정으로
　　머리에서 발끝까지 감싸고 있는
　　옷감들을 바라보고 있어요
　　태풍이 몰아친 풀잎의 너울
　　겹겹의 초록으로 시간이
　　흐르고 있어요
　　그러니 우리 다시는 만나지 말아요
　　창백한 육체를 감싸고 있는 물결
　　열린 상자 속
　　얼굴을 감싸고 있는 물결
　　아직은 닫혀 있는 여름들이
　　남아 있으므로
　　얼마든지 흘러넘칠 수 있어요
　　숙고 끝에 결정한 꿈 그러니 우리
　　서로 잊기로 해요
　　망각은 아름답게 그냥 두고
─ 두려운 유령이 되기로 해요

각자의 일기장에
오늘이라는 좁은 방 안에
파도 소리 맴돈다 써요
닿을 수 없게 된 두 개의 선에
다정하게 귀 기울이며
그래요, 이제 그만 헤어지자
속삭여요

*레메디오스 바로, 「마주침」 참조.

키스 앤 러브

一

새벽은
밤과 아침의 교배로 태어난
돌연변이

밝지도 어둡지도 않은
이종(異種)
너와 나

독립적인 혈통을 위해
일제히 소등되는 거리

가던 길을 돌아서 걸어 본
조금 더 밝은 쪽으로만 길어지는
그림자의 초능력

이국적이어서
이질적이어서

매일매일 아름다워지려는 불면
말도 아니고 당나귀도 아닌

노새처럼
생물학적 종으로 거듭나

차츰 밝혀지는
비밀(祕密)

귀신들이 움직이는 시간에
산책자를 불러내는

막대그래프

―

내려다보려고
오른 건 아니었습니다

고당봉에서 본 아파트들
피 말리는 보험 실적 같았지요

한눈에 보이는 자료의 정리
이달의 여왕 같은 건 꿈도 꾸지 못했습니다

동화책 팔러 다닐 때
얼굴에 깔 철판 구하지 못해 한 달도 못 채웠지요

눈금 한 칸 올리려고

무한의 좌표들
셋 이상의 일에 대해서도 성립하는 경우의 수

목숨 걸어 볼 만한 일은 목숨에 신경 쓰지 않았어요
듣기만 해도 준다던 교육 수당은 교통비로 다 썼지요

―

수습으로 시작해 수습으로 끝났던 일과

간격 없는 말뚝들
사무실 벽에 붙어 있던 실적 상황표들

뜯지 못한 동화 전집 상자들
미래의 눈금은 어디에도 없었지요

바닥은 전망을 염두에 두지 않았습니다
비교였습니다

가난은 별걸 다 기억하지

　신혼집만 귀신같이 골라 터는 도둑이 들었지요 볕 좋다고 있는 창문 다 열어 놓고 이불 널고 찬거리 장 보고 돌아오니 집 안 꼴 가관이었지요 발자국 거침없이 여기저기 남겼고요 서랍이란 서랍은 죄다 열렸지요 몇 벌 없는 옷 주머니 다 뒤집혀 있고요 냉장고에서 꺼내 먹은 사과는 딱 한 입씩만 베어 먹고 팽개쳐졌지요 그래야 잡히지 않는다는 도둑들의 속설이라나 뭐라나 어떤 도둑은 부엌 바닥에 똥을 싸 놓기도 한다는데 그나마 다행이라고 주인집 아주머니 말꼬리 흘렸지요 단독 주택 셋방 턴 좀도둑 오지게 재수 없는 날 아무리 없어도 가져갈 것 있다던 가난 그 가난도 가끔은 다행이었지요 어디로 들어와 어디로 나갔는지 죄다 일러 주고 간 좀도둑 없는 집 터는 것 할 짓 아니란 걸 배웠겠지요 더럽게 없더라 퉤퉤퉤 침 좀 뱉었겠지만 어쩌겠어요 세월 흘러 그 늦은 봄볕 좋은 날 생각해 보니 지켜야 할 게 많은 지금보다 그때가 더 행복했다는 것 지나간 숱한 날들 정작 도둑맞은 게 뭔 줄 모르고 있으니 고것 참 고약하지요

아이스 브레이킹

초인종이 울린다
어디서 담배 냄새가 나지 않냐고
피우지 않는다고 말한다
이상하다 분명히 냄새가 나는데
정말 냄새가 나지 않느냐고 묻는다
귀신 곡할 노릇
문을 열어 주진 않는다
거 참 이상하다고
왜 냄새를 맡지 못하는지 모르겠다고
계단을 오르다 말고 내려와 재차 묻는다
비가 오려는지
날씨가 좀 그렇다고 해 줄까
냄새를 잘 못 맡는다 해 줄까
의심만큼 분명한 게 없지만
얼굴 좀 트자고
냄새는 한사코 위로 올라가고
윗집 남자는 수시로 내려온다
수상한 냄새가 난다고
조심 좀 하자고

正

一

　현관문이 열렸다 正에 줄을 그었다 현관문이 닫혔다 正에 줄을 그었다 앞집은 식구가 넷 그들과 엘리베이터를 같이 쓴다는 것이 몹시 불편했다 좁은 곳에 함께 있다는 것이 싫어 좀 이상하지만 뒷모습으로 타고 뒷모습으로 내렸다 실루엣만으로 앞집 사람임을 알 수 있었다 눈인사 같은 거 처음부터 나눴으면 나았을까 같은 복도에 내리기 싫어 한 층 더 올라갔다가 내려왔다 마주 보고 있는 집 네 사람이 아침에 출퇴근하고 등하교할 때 현관문 열리고 닫히는 숫자를 기록했다 하루 평균 16번 正에 줄을 그었다 한 달 30 곱하기 16번은 480번 토요일 일요일 회사도 학교도 쉬는데 별일 없이 드나들었다 어떤 날은 어림잡아 그었다 그들의 출입을 기록하느라 하루 종일 아무것도 할 수가 없었다 문 열고 닫는 횟수를 놓칠까 봐 놓쳤을까 봐 불안했다 낡은 경첩에서 나는 삐걱거리는 소리 앞집으로 이사 온 지 일 년쯤 되었으니 12 곱하기 480은 5,760번 그동안 현관문 열고 닫히는 소리를 이만큼이나 듣고 살았다고 전하기로 했다 매일매일 꼼꼼하게 낱낱이 기록한 종이 바를 正이 빼곡히 적혀 있는 종이를 편지봉투에 넣어 앞집 편지함에 넣었다

二

찌

 잡은 물고기는 먹지 않는다는 낚시꾼에게 먹지도 않을 것을 왜 잡냐고 물었다 배시시 웃기만 했다 모든 질문에 대답이 있어야 할 필요는 없으니까 밑밥 뿌려 놓고 손맛 기다리는 것 어종이 무엇이든 그것이 올 때까지 기다리는 것 그게 전부라던 묵묵부답 그 후로 내겐 깊은 밤 정수리에 던져진 누군가의 작은 불씨 한 점 바라보는 취미가 생겼다 아름다운 게 뭔지 물을 수 있지만 그저 사람들의 꿈이 모두 야행성 물고기라는 것 허탕 치는 날 수두룩해도 잡은 물고기를 물속에 던져 준 것에 대하여 후회 같은 건 해 본 적 없다는 낚시꾼이 생각날 때마다 내겐 언제나 새로운 밤이 찾아왔다 걸핏하면 올라오는 불면이라는 물고기 아름다운 정서 물의 속살들 보이지 않는 싱싱한 감정들 씨알 작은 몸짓들 놓친 고기는 항상 크더라 언젠가 진주 남강 다리에서 내려다보았던 물고기 한 마리 물살 거슬러 오르는 것 아니라 물결 다치지 않게 비켜 주는 거였다 기다리지 않아도 오고 있는 새벽 때문에 자취 없는 어둠이 사람에게 스며들면 거리의 점멸등 입질인 듯 깜빡거렸다

수집

유리창만 보면 돌을 던지고 싶었다

깨진 유리 조각을 지닐 때마다
온몸이 날인 유리가 좋았다

불에 타지 않는 것

갈고 닦지 않아도 저 홀로 빛나는 것들
반짝거리는 사람들이 좋았다

유리창은 스스로를 전시했고

깨질 수 있다는 위험 덕분에
우리의 날들은 유지되었다

무수한 약속들 간직할 수 있었다

손댈수록 박히는 날카로운 것들

건널목 모두 주저흔 같아

웃음에 울음을 묻힐 줄 아는 사람들이 좋았다

가끔은 서로를 깨트려 나눠 가졌다
약속도 사람도 보관할 곳이 줄어들었지만

무엇보다 우린 보물 상자가 아니었다

기벽

　꼭두새벽에 가래 뱉는 연습을 한다 크-아아아아아아악 있는 힘껏 퉤-에에에엣 소리가 사방에 튄다 우렁찬 백발백중 화장실 벽을 뚫고 이웃집으로 튄다 부글부글 이를 닦는 이웃이 칫솔이 닿지 않는 구석구석을 생각하다 말고 얼굴을 찡그린다 전국 가래 뱉기 대회를 준비 중인 내게 들키지 않으려고 소극적인 칫솔질을 한다 사람은 살고 있거나 살았던 사람이며 도구를 쓰고 자격과 품격을 갖춘 동물이다 그러니까 화장실 벽 하나를 두고 꼭두새벽에 가래 뱉는 연습을 하는 사람과 수도꼭지를 틀어 놓고 이를 닦는 사람은 예의가 있거나 없거나 둘 중의 하나다 벽 하나면 아무것도 볼 수 없다는 친절 들리는 것까지 신경 쓰고 싶지 않다 비슷한 루틴을 가진 이웃은 불행도 다행의 일부다 날짜가 점점 다가오고 있는 가래 뱉기 대회를 위해 불쾌한 이웃을 자처한다 난감한 표정을 감추지 못하는 화장실의 사물들 속에서 좋은 성적을 올리기 위해서라면 연습을 멈출 수가 없다 다시 한번 아내가 벗어 놓은 얼룩무늬 팬티를 바라보며 크으으으으아아아악 퉤에에에에에ㅔㅔㅔ엣

있는 듯 없는 듯

　명천탕 옥상에 있는 시베리안 허스키가 짖질 않는다 수시로 짖어 대는 개 단속 좀 하라고 민원을 넣곤 했다 그런데 언제부턴가 개 짖는 소리가 끊겼고 사람들은 그만 심심해졌다 눈이 내리지 않는 마을에 사는 사람들은 개의 울부짖음을 이해할 수 없었다 개가 짖을 때마다 창밖에는 시베리아 벌판에 내린다는 눈발이 흩날렸었다 개가 짖으면 한여름 새벽에도 그렇게 솜사탕 같은 눈이 내렸는데 그 큰 눈송이를 아무도 보지 못했다는 건 불운이었다 빗자루 같은 꼬리를 흔들며 이 마을을 좋아했는데 혹독한 추위와 설원을 잊고 누구보다 이 마을의 기분을 이해했는데 사람들은 개의 기분을 알아주지 않았다 집을 지킬 수 없는 피가 흐른다는 것을 알아준 건 주말에만 오는 언니뿐이었다 산책은 유일한 낙이었다 눈이 보고 싶은 어느 여름날 나는 태어났음의 불편함을 덮고 머릿속에 저장해 두었던 시베리안 허스키의 목소리를 볼륨 높여 들었다 그래도 뭔가 부족한 어느 날 아침 명천탕 옥상에 올라갔다 파양된 하루를 시작하게 해 줄 개 짖는 소리를 흉내 내어 보기로 했다 마을을 향해 고개를 있는 힘껏 내밀고 우렁차게 짖었다 사람들은 다시 개 짖는 소리를 듣게 되었다 아무도 믿지 못할 눈이 하울링 하울링 내렸다

울 100%

―

시침 분침을 코바늘로 보고 있으면
스웨터가 생긴다

털실이 백 퍼센트 울인지 아닌지 성분을 놓고 티격태격하는
사람들이 나타난다

한 코 한 코 풀리던 올은
자신이 벌거벗은 걸 알기 전까지 멈추지 않는다

나침반은 방향을 훔쳐 달아나고
물수제비 뜬 돌은 아직도 가라앉고 있다

눈금은 몇 번이나 건너뛰었을까

생각은 언제나 코를 빠트린다
거기까지 돌아가려고 실을 풀면 배꼽이 보인다

보푸라기가 된 시간은 새벽기도가 한창인 그러니까
놀랍도록 환한 성전 같다 그렇게 방향에도 숙소가 있다

―

스웨터의 길이가 어디까지 길어질지

우울한 북유럽의 태양과 황제펭귄의 남극은
그렇게 움직이느라 만난 적이 없다

완성이란 없는 말이다

나빗가루 립스틱

영원히 청춘인 밴드여서 들어 준다

말도 안 되는 노랫말
좋아하는 것에 이유가 있는 건 아니니까
인디밴드 몽구스가 나빗가루 립스틱을 부른다

기억해요 기억해요
가사의 낡은 스프링들이 후렴을 감았다 풀었다 한다

웃음은 숨결로 이 밤에 나빌레라
숨죽여 취하며 울었던 슬픈 이별

그래, 즐거운 날들은 조금 슬프게 지나간다

여름밤의 읊조림
읽었던 곳에 끼워져 있는 책갈피

이해되지 않아도 되는 것들이 있다
잘 익은 감자처럼 으깨어지는
앨범 재킷의 얼룩말 무늬

춤추는 먼지의 노래
기억해요 기억해요

잎이 있는 곳이라면 거기까지 키가 크는
춤추는 동물원의 푸른 나뭇가지 같은 가사들

청춘만이 영원해서
묻지도 따지지도 않고 들어 준다
함께 흥얼거려 준다

*즐거운 날들은 조금 슬프게 지나간다: 에쿠니 가오리, 『호텔 선인장』.

있다, 가 내게 휴가를 준다면

그레넨 해변으로 가겠습니다

한쪽 발은 북해에 한쪽 발은 발트해에

사람보다 양 떼가 많은 곳
변덕스러운 날씨로 한 시간 동안 사계절을 경험할 수 있는 곳

스카겐 등대에 올라가
섞일 수 없는 두 바다가 어떻게 만나는지 보겠습니다

오래도록

해협의 하늘과 즐거운 하루가 어떻게 헤어지는지
폐허가 된 벙커 앞에서 기념사진을 찍겠습니다

탑만 남기고 사라진 교회에 들어가 기도를 올리겠습니다

섞일 수 없어 아름다운 자세
생각하지 않는 머리와 말하지 못하는 입

아무것도 기록하지 않을 정신으로
무엇과도 가까워질 생각 없이

백사장에 드러누워
구름처럼 몰려오는 구름들을 바라보며

바람에 흩어지는 여기저기 언덕을 만드는 모래가 되겠습니다

사는 게 다 만나는 일이라는 것 배워 오겠습니다

가능성 콤플렉스

　야생 겨자의 꽃눈을 비대화시키면 양배추가 되고 곁눈을 비대화시키면 방울양배추가 되고 꽃과 줄기를 비대화시키면 브로콜리가 되고 꽃만 비대화시키면 콜리플라워가 되고 줄기만 비대화시키면 콜라비가 되고 잎을 비대화시키면 케일이 되고 잎눈을 비대화시키면 배추가 되고

제3부

먹구름 레이디

그녀가 되기로 했다

노는 것도 싫증이 나
비가 되길 자처한 그녀에게
심심하면 손바닥에 미치광이풀을 그리자고 했다

작은 종 모양의 자주색 꽃
흔들어 주지 않으면 슬픈 줄도 모르는
아득한 옛날에게

누군가, 무엇인가, 어딘가, 언젠가와 같은
이름을 붙여 주기로 했다

세상 어딘가에서 비가 내려도 우린
여기서 젖고 있자 했다
나였고 너였던 그때를 생각하며
그녀를 제대로 불러 준 첫 사람이고자 했다

다찌는 일색이라 싫고
현지처는 노골적이어서 싫었다

끊긴 연락
지겨워진 기다림은
곤란하게 살고 있다 울지 않고 말할 줄 알아야 했다
그러니 가장 무섭다는 마음을 꼭꼭 씹어 삼키자고 했다

바짝 마른 사람이 얼마나 잘 먹는지 모르는 날씨에게
밥 사 준 친구에게 커피는 샀다고 자랑하면서

손지갑에 숨겨 둔 별다방 쿠폰 한 장
라지로 사서 반만 마시고 남은 건 종이컵에 담아
어느 가을 아침에게 전하자고 했다

흐린 날이면
미치겠는데 미치지 않을 때
미치광이풀에게 미량의 독을 빌리자고 했다

갚을 수 없는 부채
까닭 없는 울음 한 말쯤 쏟고 나면
누굴 기다렸는지 알 수 없어 좋은 이름

뭐가 좋을까

잔뜩 흐린 날
피크시르포크 피크시르포크
바람에 날리는 눈이 보고 싶을 때

혼자서 놀다 보면
보고 싶은 사람의 이름이 떠오르는
누구와도 연락할 수 없는 그녀가 되기로 했다

*피크시르포크: 에스키모인의 눈 이름.

페르시아나

베타는 내게 관심이 없어요

말러의 교향곡 5번 4악장이 무럭무럭 자라는 거실에서
자신의 얼굴을 보고도 놀라지 않는 밤

목숨을 이해하느라 키우는 다정한 무관심

하늘 높이 그림자로 날아가는 새들
그들만의 언어로 서로를 부르는 기린들

끼리끼리 내통하는 상처들

서서히
베타를 죽이듯
내가 필요 없는 빛 역시 나를 죽여요

이해할 수 없는 거품들이 방 안을 떠돌고
오랫동안 믿어 왔던 고독이 부글부글 끓어오르면

의미 없는 창문을 내리며

나를 길들여요

배후라곤 늙은 나이밖에 없는 낮잠

나를 이해하는 건
베타도 철제 커튼도 아니니까요

친선 게임

거울에 비친 흰 구름입니다 활터입니다 겹겹의 생각은 활과 화살의 것이 아니라 궁수의 것입니다 오른발을 뒤로 뺀 정면 보기 자세는 취하는 것이 아닙니다 어쩌면 지켜야 할 포즈입니다 사대 위에 서 있는 처음은 왜 항상 처음인지 입꼬리 올라가는 시위와 줄 화살 사이의 밀고 당김은 평형은 왜 근력인지 부들부들 보이지 않는 떨림은 왜 고요의 본모습인지 일 초 이 초 삼 초는 끔찍하게 길어서 어느 곳이든 제멋대로 과녁을 삼습니다 누구도 자신의 과녁 외엔 신경 쓰지 않습니다 잡아당긴 시위가 손가락을 놓아 버릴 때까지 있는 힘껏 기다리는 타인은 끝나지 않을 전쟁 상대입니다 화살 없는 활이 궁리도 없이 날아가는 건 불행이거나 다행입니다 둘 중 아무것도 아닐 수 있습니다 휘어지는 포물선 하늘이야말로 가장 좋은 중앙입니다 귀밑까지 잡아당긴 사색의 어깻죽지 날아가는 순간의 뒤를 쫓아갑니다 끝말잇기라도 하듯 멀어지기만 하는 거리를 기대합니다 눈동자의 둥근 자세가 보이는 저 먼 곳에서 붉은 깃발이 올라갑니다 저 홀로 돈독해집니다

후루꾸

 으후루꾸꾸루후으으후루꾸꾸르후에서 유래했다는 후루꾸 인기 없는 하루살이 블로거의 자료를 믿든 말든 유래는 저 홀로 리듬을 탑니다 으후루꾸꾸루후으으후루꾸꾸르후 아주 오래전 유래라는 이름의 중국 여행 가이드가 데려다준 짝퉁 시장 골목에서 롤렉스 시계를 샀는데 아직도 살아 있어요 헐값에 열 개 사서 하나만 건져도 왕재수라고 으후루꾸꾸루후으으후루꾸꾸르후 으후루꾸꾸루후으으후루꾸꾸르후 가짜도 급이 있고 하나만 살아도 본전 뽑는다 했지요 언젠가 멈추겠지만 시간만은 진짜라고 스테인레스라 녹슬지 않는다고 으후루꾸꾸루후으으후루꾸꾸르후 가끔 흔들려 고장인가 싶은 용두 거기까지 살피는 사람은 없을 거라 했지요 언젠가 딱 오 분씩 늦어지기 시작하는 그때가 오면 뽀록 혹은 뽀로꾸 으후루꾸꾸루후으으후루꾸꾸르후 으후루꾸꾸루후으으후루꾸꾸르후 유래라는 리듬에서 죽은 짝을 찾는 호로조의 울부짖음 비슷한 소리를 듣겠지요

Franc

신은
나를 만드실 때
어떤 저울을 사용했을까

물에 불린 세상으로
과일을 반죽한다

냄새에서 시작되는 하루
이스트를 계량하는 동안
창밖은 발효된다

하루의 탄성과 점성을 결정짓는 태양

신이
원하는 모양대로
오븐은 날 구워 줄 것이다

잘 구워진 식빵은 바닥을 두들겨 빈 소리가 날 때

주문 제작되는 약속

바게트를 좋아하는 신은 아무리 신이어도
오후 한 시까지 기다려야 한다

빵이 담긴 종이봉투를 옆구리에 끼고 달려 줄
아이가 올 때까지

지나치게 화려한 어둠 속에서

一   물은
    온몸으로 분신을 들어 올렸다

    물고기를
    어떻게 물 밖에 묻을 것인가
    고민하는 눈치였다

    정원의 소녀를 뜰채로 건져 내고
    제라늄 화분의 흙을 조금 팠다

    여과기가 문득 조용해졌다

    물을 묻었다

    물고기가 죽을 때마다
    묻었던 그 자리에서 피어나는 꽃잎들
    허리 휜 물고기들

    눈을 감지 못해서
二 깨어 있다 믿는 나의 행동을

지나치게 화려한 어둠이
빤히 쳐다보고 있었다

내 탓이요 내 탓이
이쑤시개로 십자가를 만들어 세웠다

물을 싫어하는
화분에 물을 줄 때마다

흙이 된 물고기들에게
미안함이 조금씩 줄어들었다

끝장

― 　무꽃이 핀다

　　지금은 썩고 바람 들고 짓무를 때

　　물의 기억

　　세상에 없다던 마지막 사투

　　늙은이의 혼잣말

　　꽃잎 끝 동서남북

　　벌이 올 수 없는 곳에서도 꽃들은 핀다

　　사색이되 거칠지 말자

　　수사슴 뿔처럼 힘이 가자는 곳으로

　　위대할 필요 없는 대지의 결심

―

생각이 가자는 대로

아무것도 아닌 모든 것을 향해

그냥 그렇게

물은 앞날을 자꾸만 내다 버린다

무꽃이 끝까지 버틴다

화분인간

一 일인용 침대 위에서
　　커다란 식물의 기저귀를 간다

　　있는 힘을 다해 허리를 들어 올리지만
　　허리 아래로는 꼼짝도 하지 않는다

　　옆구리에서 자라고 있는 공중 뿌리
　　적절한 온도와 습도와 조명을 갖춘 방

　　죽음이라는 거대한 화분에서 자라는 생(生)
　　스스로 할 수 있는 게 아무것도 없어

　　가면 위로 흐르는 땀을 닦는다
　　살아 있어서 해 줄 수 있는 마지막 레슨

　　형광등으로 광합성 중인 시간
　　처분할 수 없는 냄새와 함께 시간이 존다

　　식물을 그리는 화가여
二 그림을 다 그리고 나면 그림 밖의 화분이 죽는가

자신만의 속도로 시들고 있는 것들
주어진 역할에 충실한 이 모든 것이

훗날의 샘플 같아서
정성껏 손해를 보기로 한다

온 힘을 다해
젖은 기저귀를 잡아당긴다

스타카토 블랙

一 달리던 차가 한밤중 복판에 섰다
외곽이었고 자정이었고 산업도로였다
시동은 다시 걸리지 않았다
커다란 괘종시계가 정각을 알렸다
안전벨트를 풀었다
어렸을 땐 손가락으로 셀 수 있었던 열 밤이
가장 길었다
불빛의 동공들
어릴 적 만국기가 휘날렸다
눈앞이 노랬다
사방으로 힘을 흩뿌리는 칸딘스키의 노랑
아무 계획 없이 낭비하듯 힘을 쓰는 노랑이
한 번도 본 적 없는
제대로 어두워 본 적 없는 너울성 어둠이
달리기 선수처럼 뛰어왔다
길은 많았다
시간만이 자신을 낭비하는 동안
오도 가도 못 하는 생각들
열 밤만 자면 온다던 약속들
一 나쁜 애인같이 불가능해져 버렸다

이 일을 누구에게 먼저 알려야겠냐고
하늘을 이고 땅을 밟고
빗방울이 떨어지기 시작했다
텅 빈 3차선 도로가
울기 좋은 장소란 걸 처음 알았다

*스타카토 블랙: 눈을 깜빡일 때 보이는 검은색.

옆

　태양에서 내려다보면 우린 바로 옆에 있지 않은가 좀 쓸쓸한 기분이어도 아름답지 않은가

　요람이 있는 방에 떠 있는 수초들처럼 아테네로 가고 있는 관광버스 늙은 그리스인들의 못 말리는 수다처럼 날이 밝을 것 같지 않은가 그런 새벽도 괜찮지 않은가

　슬픔을 잊기 위해 마신 와인만 있고 디오니소스를 위한 희곡은 없었던 그날처럼 모든 와인에 있던 배경 세상 어디에나 있는 달처럼 너에게 쏟아지는 것

　아무리 먼 곳에 있어도 우린 하나의 달빛 아래 있고 어디에나 당신이 있었다는 고백 또한 아름답지 않은가

　자전거 바퀴가 걸려 있는 방에서 신발을 벗어 던지면 저 멀리 툭 떨어지는 마음도 있어

　떠다니는 마음 같은 구름이 있어 다행이지 않은가 바퀴를 돌리려는 햇살들 시들해져도 악기의 기원이 덫이어서 좋고 춤추고 노래하는 사람들 곳곳에 있어 좋지 않은가

새의 울음을 흉내 낸 피리를 불며 짝을 유인하는 수컷처럼 새들의 노래에 속아 스스로를 사지에 몰아넣는 암컷들처럼 사랑 때문에 생긴 옆이 있다는 것 아름답지 않은가

질서를 위한 아트 페어

一

흔들리는 사방연속무늬
여기가 저기 같고 저기가 여기 같아서

공동묘지에 펼쳐 놓은 봉분들
나눠 놓은 구획들 비슷비슷해서

누군가 찾고 있는 그가
누굴 찾고 있는지 곧 잊어버릴 것 같다

학생부군신위
죽어서도 배워야 할 게 있구나

볕이 다만 따듯해서
같은 묘비명을 쓰는 사람들

나 홀로 멀찍이 서서
여기저기 기웃거리는 누군가를 따라다닌다

묻힌 곳에 머물지 않는 자들
하나뿐인 생몰 일을 들고

二

여긴 줄 알았는데 아니고 여긴 줄 알았는데
아니어서

근처에 살고 있는 나는
누군가를 찾을 때까지 기다려 주고 싶었다

묘역의 순서들
저, 가지런한 배치가 좋아 나섰던 산책

나이트 옆 비숍

―   24시 편의점은
  체스판의 보병 같아
  룩 옆의 나이트
  나이트 옆의 비숍
  모든 기물을 뛰어넘을 수 있는
  속옷 차림으로
  군것질하러 오는 유령들의
  보드게임 판 같아
  쓸데없이 고급스러운 불면
  아주 낮은 음색의 파곳 연주
  길어지고 있는 밤의 혀
  이토록 조용한 시간에만 들리는 허밍
  동서남북으로 한 칸씩 이동한
  시절의 흑백 게임 같아
  상대의 수를 읽고 자신의 수를 읽는
  교활함
  찾는 건 언제나 없어
  뾰족한 수가 생각나지 않는
  그럴 수 있는 거지 그럴 때도 있는 거지
― 기분 나쁜 위로 같아

모든 게 있다는 건 환장할 노릇
밤거리의 처진 가슴 근육
그러다가도 갑자기
보이지 않던
어느 별의 마지막 순간
폭발하며 빛나는 초신성 같아

피곤한 비너스

一

석고상을 진열한다
커다란 방을 흉상으로 가득 채운다

어떤 비너스는 얼굴이 없고 어떤 비너스는 흘러내린 어깨가 없고 어떤 비너스는 곱슬머리가 없고 어떤 비너스는 정수리가 없고 어떤 비너스는 뒤통수가 없고

깨진 부위가 다르지 않다면 진열될 수 없다

조각난 비너스는 다시 태어난다

*

꿈의 영사기를 틀어 주는 기사가 바쁜 날에는 태어나지 못하게 된 비너스들이 생긴다 진열된 비너스들 사이에 간격이 생긴다 꿈꾸는 자들의 명단을 집에 두고 온 날에도 졸음을 이기지 못한 날에도 꿈의 필름을 잘못 끼워 넣는 실수가 있는 날에도 태어나지 못하게 된 비너스들이 생긴다 누구나 꿈을 꾸는 건 아니란 걸 증명하기 위해 다시 태어나야만 하는 비너스들이 생긴다

一

가을은 왜 그토록 도망갔을까

자귀나무 꽃이
촘촘한 방사형 꽃술로
쓸쓸함을 다하며 걷고 있는 행인을 바라보고 있다

여름은
아무것도 해치지 않는 햇볕 속에서
칼귀를 가진 여자의 단발머리처럼 찰랑거린다

다시 만나자는 약속도 없이
구름이 되기 위해 겹겹의 옷을 벗는 오후
철학자의 머릿속에서 뛰어오른 맨발의 먼지들

울어 주는 평화
힘이라곤 찾아볼 수 없는 움직임을 보여 주고 있다
돌풍에 올라앉은 새들의 부리

지난여름의 잎들을 겨누고 있다
말이 되지 않으려는 보푸라기들
빗방울이 되려고 체위를 바꾸고 있다

봄은 왜 겨울을 버렸을까

一 걸인으로
환생한 부처가
내게 준 돌소금은 분홍빛이 돈다
설산 아래서 주운 종이 뭉치
공중화장실 서너 번 다녀올 수 있는
옛 지폐
신께 바친 돈인 줄도 모르고
줍는 순간 시작된 후회
바다는 높은 산이 되어 나타난다
신은 돈을 어디에 쓰실까
방목 중인 과거에서 온 말씀
이곳은 내 삶과 맞지 않는 곳이 아니라
내 삶이
이곳과 맞지 않는 것이라고
당간에 매달린 요령이 흔들린다
노브링카의 우는 영혼아 우리
웃으며 살자
눈부신 그늘아 우리 웃으며 살자
생각은 누굴 죽여 본 적이 없단다
― 라사의 초목이 기억하는 무차별 학살

꽃을 가꾸는 노승의 작약이
그때 죽은 자들이었다는 것
삐걱거리는 나무 계단 두고 온 이름아
목구멍 깊은 곳에 남은 알약
살아 있는 한 살아가야 할 겨울은
쓰디쓴 믿음이었다

수드라

　다음 생도 견딜 만할 것이다 삿대질하기 좋은 하늘은 어느 생에든 있을 테니 이골이 난 생 적응하며 살 것이다 더 잘 살았으면 좋겠다는 소원은 있겠지만 '더 잘'이 무엇인지 모르니 신분 상승 같은 건 꿈도 안 꿔 하나 남은 금가락지 헐값에 팔아 치운 아이엠에프 죽은 자가 많아 며칠씩 입관을 미뤘다는 코로나도 겪었으니 무서울 것 없다 가난은 있으나 없으나 마찬가지 다음 생도 여낙낙할 것이다 어쩌다 시인이란 이름 얻어 산 이번 생의 계급 가짓수가 천차만별이라 불가촉천민 빨래꾼이든 무두장이든 상관없다 그저 불평불만 입단속 잘하다 주어진 대로 감사하며 살다가 충실하자 충실하자 할 것이다 누구를 모시고 있나 생각하는 자세 신랑이 오길 기다리는 신부의 자세 한밤중 발자국 소리만 듣고도 화들짝 깨어나는 착한 사람 자세 스스로 씌워 가며 살 것이다 어쩌면 착해 빠졌다는 말은 다정한 학대 그마저도 익숙해질 것이다 바르게 살자 바르게 살자 뭐가 바른지 몰라도 귀에 못 박아 놓고 살다 보면 사사건건 바르게 살 것이다 주인의 윤리 노예의 윤리 지켜 가면서 가능성 많다는 인도에서 사람으로 다시 태어난다면 그것도 축복이라 여기며 울타리 없는 집 마당에서 천년만년 키운 상수리나무가 제 몸에 천 개의 불을 켜 놓은 까닭이나 생각하며

재떨이가 된 유골함

 초량 텍사스촌 아가씨들 이름은 쏘냐이거나 나타샤이거나 안나이다 깊은 밤 통행 제한 구역에서 부르기 쉬운 쏘냐를 부르면 라라와 나타샤가 얼굴을 내민다 이방인의 허술한 파라다이스 옆에서 클럽 부활의 전광판이 손짓을 한다 거짓 이름들 엇비슷한 얼굴들 바이칼에서 온 창문들 아무리 추워도 얼지 않는 술병들이 오늘의 마지막 애수다 호객 행위를 하지 않는 에바와 페도라와 까타리나에게 금요일 밤거리는 배열된 이국의 언어들은 북유럽풍 인테리어를 반쯤 열린 문틈으로 보여 준다 검은 매니큐어를 바른 손톱들이 늦도록 열려 있는 야한 속옷 상점을 가리키고 손가락 사이에서 타오르는 한 모금의 입술 한 모금의 연기 길쭉한 골목을 빠져나간다 담배를 배운다 속살이 훤히 들여다보이는 골목 한 번쯤 입어 보고 싶었던 야한 슈미즈를 구경만 하며 지나간다 피우다 만 꽁초들이 거리에 담긴다

고엽(枯葉)

一

　누군가는
　거리의 낙엽을 쓸어 담고

　누군가는 버섯 창고를 향해
　계단을 내려간다

　문을 열자 달려드는

　이것은 북풍,
　이것은 망각,
　이것은 어둠,

　누가 이 버섯 창고의 깊이를 묻는가

　뿌리 없는 시간의 식재료
　나의 검버섯은 어딘가 벗어 두고 온 연인의 발자국

　죽은 나무의 이끼들이
　검은 우산처럼 오고 있다

一

민낯에 키우는 야생 버섯

먹물도 아닌 것이 그물도 아닌 것이
조금씩 번지고 있다

간당간당

　'경상도 사람이 전라도에 살면서 처음 배운 말이 간당간당이었다네' 요양병원에 있는 선배 시인이 전화를 걸어 뜬금없는 한마디 던져 주셨습니다 목숨줄이 다들 간당간당하단 말씀 같았습니다 바람 불면 울리는 종소리 같고 쿰쿰한 아가미 젓갈 같고 호리낭창 무말랭이 같은 간당간당 알콜성 치매를 어느 정도 잡았다는 시인의 목소리 '열심히 쓰소 쓰다 보면 구하지 않아도 얻게 되는 것이 있다네' 한마디 더 던져 주시고 일방적으로 전화를 끊으셨습니다 종소리 물고 소리가 닿지 않는 곳까지 날아가 떨어뜨리고 온다는 새들 종소리 들으며 자란 새들만 종소리 들으며 돌아온다는 말처럼 들렸습니다 산다는 건 느닷없이 시작되었고 불현듯 멈추게 될 것이겠지요 죽은 가오리가 납작 보여 준 수압처럼 생긴 말 간당간당 이상한 고대 동물의 사체처럼 구멍 숭숭 뚫리고 말랑말랑한 간당간당 이내 하얗게 변해 가는 말 죽음을 흡수하는 무수한 입술 끝에 매달려 있는 말 아닐런지요

나의 맹인은 왜 하필 벽 속을 더듬어 오시나

고였다 떨어지는 물소리

나의 맹인은 벽 속을 걷는다

얼기설기 쇠파이프들 사이로

쥐가 살았던 옛집들 사이로

흰 지팡이의 불규칙한 맥박

해찰할 수 없는 길

물 떨어지는 소리로 온다

가다 서다 그런다

벽 속을 걷는 것이 유일한 운동

나와 그만 아는 길이 벽 속에 있다

해설

일상이라는 사건과 사물의 이면

구모룡(문학평론가)

1.

  단독자로서 감각하고 생각하는 시인은 일상의 경험을 자기만의 사건으로 바꾸어 놓는다. '낯설게 하기'라는 방법적 지각을 넘어서 스스로 발견하며 사물의 부름에 민활하게 감응한다. 여기에서 사건은 만남과 부딪침과 휘말림으로 나타나는 '나' 아닌 외부와의 관계에서 부각한다. 이를 모리스 블랑쇼는 '내'가 '나' 아닌 것과 만나는 과정이라고 한다. 소소하고 사소한 일에서부터 재난이나 죽음과 같은 심각한 일에 이르기까지 사건은 '세계 내 존재'의 유한성 안에서 발생한다. 시는 먼저 바깥의 사물과 만나면서 정동으로 발현하고 다음에 언어로 표현된다. 그래서 '모든 시는 시의 시다'라는 말을 수긍할 수 있다. 외물이 환기하는 감응과 이를 언표한 시편을 가리키는데 이들을 아울러 시적 경험이라고 하겠다. 아울러 시인이 쓴 시편을 읽는 행위도 하나의 사건이자 시적 경험이다. 하지만 단순한 주관끼리의 만남이 아니라 시인이 수행한 시적 과정을 따라가며 개별 시편의 의미를 완성해 가는 경험이 요긴하다.

『너무 많은 창문들』은 신정민의 일곱 번째 시집이다. 등단 20년을 훌쩍 넘긴 시인이 도달한 시법이 궁금하다. 마침 시집의 첫 시편인 「변곡」은 신정민의 시법을 어느 정도 가늠하게 한다. 이는 일상을 사건으로 감각하고 생각하며 발화하는 과정을 의미하는데 시작의 초기부터 비교적 일관된 작법으로 지속하고 있다. 「변곡」의 첫 연은 "호수를 기억해 내려는 몸짓/깃털 하나 낡은 오리털 잠바에서 빠져나온다"라는 구절이다. "낡은 오리털 잠바"에서 "깃털 하나"가 빠져나오는 현상을 "호수를 기억해 내려는 몸짓"으로 느낀다. 그리고 "한 문장에서 다음 문장이 빠져나온다"라는 마지막 연에 이르기까지 여섯 가지 사건들이 병렬된다. 깃털이 환기한 기억들을 거듭하여 연상하며 문장을 형성하는 과정이다. 첫 사건은 "티피에 올랐더니" "새들의 깃털로 장식한 모자를 쓰고 물담배를 피우는" "목동들"이 보인다는 이야기이다. "티피"는 '원뿔형 천막'인데 마지막 이야기에서 보이는 "꼭짓점"과 연관한다. 또한 "티피"는 양털이라는 뜻도 있어 "양을 키운 사람이 양을 잡았다고/구루에게 말했더니 하산하라고 한다"라는 두 번째 이야기와도 이어진다. 이렇게 "세상에 나가 자신의 이야기를 할 때가" 되고 "드디어 꿈을 펼칠 수 있게" 된 "그의 어깨에 깃털 하나가 내려앉는다". 여기에서 깃털은 새로운 입사(initiation)의 상징처럼 보인다. 그런데 세 번째 이야기에서 반전이 일어난다. "바닥"을 주제로 한 "강연을 듣고 있던 사람들"이 대상이다. "바닥이 없다는 것만큼 무서운 건 없다/무엇보다 믿고 있는 바닥을 의심하라"라는 "강연을 듣고 있던" 이들은 "하염없이 추락"하며 "호수를 심연을 모른다". 강연을 한 이는 앞서 등장한 '구루'로 짐작되나 분명하진 않다. 여하튼 "하염없이 추락하는 사람들에게 돌팔매로 양들을 모는 사람이 보인다/돌은 양들에게 던지는 게 아니라 양들이 가야 할 곳으로 던져진다/양의 심장을 가진 사람들은 호수를 심연을 모른다"라는 형국으로 쉽게 이해하기 어려운 익숙하지 않고 낯선 세계가 펼쳐지고 있다. 시편의 첫머리에서 볼 수 있듯이 우연히 마주한 "깃털 하나"가 기억과 연상과 상상으로 번져 나 사물의 다른 질서를 이야기하는 데 이른다. 일상이 사건이 되면서 사물의 지평이 더 없이 확장되고 있다. 그리고 네 번째 이야기부터 시적 화자는 자기의 생각을 풀어놓는다.

    침묵을 밀고 가는 깃털을 보면
    무엇이든 말해 놓고 들키는 느낌이 든다

    세상 모든 것들의 가벼움을 이해한다면
    우주의 마지막 수수께끼가 풀릴 것이다

    모퉁이에서 모퉁이까지 사선으로 가로질러 갔다가 갔던 길을
    돌려 다시 날고 있는 곡선이 보인다

시적 화자는 "침묵을 밀고 가는 깃털"을 통하여 말하지 않고 보이지 않는 사물의 이면을 살핀다. 마치 깨달음의 과정처럼 길들은 양들의 길에서 벗어나 심연을 지향하고 끈기 있게 침묵을 추동한다. "세상 모든 것들의 가벼움을 이해한다면/우주의 마지막 수수께끼가 풀릴 것"이라고 무한한 궁극의 예지를 얻기도 하는데 이처럼 깃털의 운동을 통하여 '변곡'을 지각한다. 신정민의 시 세계에서 이러한 '변곡'의 인식은 제3시집 『티벳 만행』(2012)을 경유하며 이뤄졌다고 생각한다. 「변곡」을 읽으면서 "티벳은 내게 삶의 반환점 같은 느낌이 드는 곳"이라는 시인의 말이 상기되는 일이 우연하지 않다(『티벳 만행』). 가로지르고 순환하며 차이를 지니며 반복하는 기운의 "곡선"을 만나는데 다음의 다섯 번째 이야기에서 "무엇을 어디서 가져왔는지/그것을 어디로 가져가는지//중요한 건 우리 모두 다른 곳에서 온 꼭짓점을 가지고 있다는 것//한곳에 모이기 위한 방향들/방향이 되지 않으려고 도망치는 깃털들/실은 추방되는 것이다"라는 진술과 같은 역설에 당도한다. 그만큼 삶의 중력이 무거우며 존재의 조건을 피하기 어렵다.

「변곡」으로 시인의 시법을 죄다 이해하긴 어렵지만 일상을 사건으로 지각하고 사물이 환기하는 기억과 연상을 따라가며 그 이면을 지각하려는 시적 과정을 만날 수 있었다. 신정민은 일상의 지각에서 사물의 경험을 끊임없이 열어 가려는 존재의 운동을 그치지 않는다. 이를 그녀는 "가능성 콤플렉스"라고 말하고 있기도 한데(「가능성 콤플렉스」) "수

사슴 뿔처럼 힘이 가자는 곳으로//위대할 필요 없는 대지의 결심//생각이 가자는 대로//아무것도 아닌 모든 것을 향해" 시적 생성을 거듭한다(「끝장」). 지각의 확장은 존재의 인식으로 나아간다. 특히 죽음과 소멸은 회피할 수 없는 사태인데 제6시집 『의자를 두고 내렸다』(2022)에서 도드라진 바 있다. 이로써 신정민의 시 세계는 『티벳 만행』에서 변전을 이룬 뒤에 다시 변화하지만 그 자세한 시작 역정을 충실하게 따라갈 겨를은 아직 내게 부족하다. 하지만 시인의 생에 관한 태도는 가령 「수드라」와 같은 시편을 통하여 엿볼 수 있다.

다음 생도 견딜 만할 것이다 삿대질하기 좋은 하늘은 어느 생에든 있을 테니 이골이 난 생 적응하며 살 것이다 더 잘 살았으면 좋겠다는 소원은 있겠지만 '더 잘'이 무엇인지 모르니 신분 상승 같은 건 꿈도 안 꿔 하나 남은 금가락지 헐값에 팔아 치운 아이엠에프 죽은 자가 많아 며칠씩 입관을 미뤘다는 코로나도 겪었으니 무서울 것 없다 가난은 있으나 없으나 마찬가지 다음 생도 여낙낙할 것이다 어쩌다 시인이란 이름 얻어 산 이번 생의 계급 가짓수가 천차만별이라 불가촉천민 빨래꾼이든 무두장이든 상관없다 그저 불평불만 입단속 잘하다 주어진 대로 감사하며 살다가 충실하자 충실하자 할 것이다 누구를 모시고 있나 생각하는 자세 신랑이 오길 기다리는 신부의 자세 한밤중 발자국 소리만 듣고도 화들짝 깨어나는 착한 사람 자세 스스로 씌워 가며 살 것이다 어쩌면 착해 빠졌다는 말은 다정한 학대 그마저도 익숙해질 것이다 바르게 살자 바르

게 살자 뭐가 바른지 몰라도 귀에 못 박아 놓고 살다 보면 사사
건건 바르게 살 것이다 주인의 윤리 노예의 윤리 지켜 가면서
가능성 많다는 인도에서 사람으로 다시 태어난다면 그것도 축
복이라 여기며 울타리 없는 집 마당에서 천년만년 키운 상수
리나무가 제 몸에 천 개의 불을 켜 놓은 까닭이나 생각하며
—「수드라」 전문

앞서 예를 든 시편인 「변곡」에서 '바닥'의 이미지가 제시된 바 있지만 이 시편에서 시적 화자는 시인의 위치를 인도의 카스트 제도에서 가장 낮은 계급인 '수드라'에 견주고 있다. 나아가서 이보다 더 낮은 "불가촉천민 빨래꾼이든 무두장이든 상관없다"라고 말하며 스스로 고난을 자처하는 태도를 나타낸다. 감사, 충실, 모심, 기다림, 착함, 바르게 삶 등은 고난을 당하는 이보다 고난을 모르는 이들이 내세운 "다정한 학대" 혹은 '인내의 이데올로기'에 가깝다. 시적 화자는 이와 같은 "주인의 윤리"를 수락하겠다고 한다. "가능성 많다는 인도에서 사람으로 다시 태어난다면 그것도 축복이라 여기며" 살겠다는 역설을 표출한다. "더 잘 살았으면 좋겠다는 소원"이 아니라 고통이 없는 삶에 대한 이상이나 무고통의 환상이 사람의 지각 능력을 무화한다고 인식한다. 이 시편의 시적 화자는 고난과 고통의 편에서 사물과 존재를 지각하고 인식하겠다는 의지를 표출한다. 이러한 태도는 마지막 결구에서 "울타리 없는 집 마당에서 천년만년 키운 상수리나무가 제 몸에 천 개의 불을 켜 놓은 까닭이나 생

각하며" 살겠다는 형태로 나타난다. 낮은 자의 시선으로 사물을 만나고 그 이면을 살피는 행위는 '은밀한 이타성의 표시'와 무연하지 않다. 도로테 죌레에 의하면 무관심(A-pathie)이란 글자 그대로 고난받지 않는, 고난이 없는, 어떤 존재가 고난받을 능력이 없는 상태를 의미한다. 소소하고 사소한 일상을 사건으로 지각하고 사물의 이치를 궁구하는 일이 타자를 향하고 이타성으로 귀결하는 까닭이 여기에 있다.

2.
　일상이라는 사건은 자기로부터 동심원을 그려 가는 열린 지평으로 서술된다. 가령 「연필 끝을 깨무는 버릇」은 "스쳤을 뿐인데/종이에 손을 베었다"라는 사건을 통하여 "반성문이나 연애편지" 혹은 "이야기로 시작된 시가 적혀 있을 수도" 있는 "백지"를 보면서 "피를 보지 못해 더 쓰린 상처에서/수면을 박차고 오른 숭어를 본 것 같"은 착시에 이른다. 다시 "풀 먹인 이불 홑청 같은 감정"을 다잡으며 "한 다스의 연필을" 깎으니 "사슴뿔을 가진 숭어 떼가 솟구치고/사슴뿔이 흔들어 놓은 순백의 나뭇가지들이//백지 위의 설원 한 컷을 집요하게 묘사"하는 환상을 만난다. "아픈 게 뭔지 알기나 하냐고"라는 결구에 이르러 뭇 생명을 품은 풍경의 근원적 상처를 되묻는다. 이처럼 신정민은 일상의 사건을 사유하면서 점층적인 이미지의 격상을 이끌어 지각의 대상들을 확대하고 심화한다. 자기의 내부에서 외부로 그 지평을 확장하는 시적 과정은 「그루잠」에서 욕조에서 잠깐

잠든 동안의 꿈결에 이웃과 유년의 가족을 만나는데 욕조에서 강둑으로 마을로 교회와 초등학교로 이동하는 양상을 한다. 꿈이 환기한 기억과 추억의 형식이다. "눈을 깜빡일 때 보이는 검은색"인 "스타카토 블랙"에 착안한 시편인 「스타카토 블랙」은 "달리던 차가 한밤중 복판에 섰다"라는 사건으로 과거의 기억을 상기하며 "칸딘스키의 노랑"과 같은 불안과 불가능한 약속들을 떠올리고 "텅 빈 3차선 도로가/울기 좋은 장소란 걸" 알게 되는 고절의 경험을 이야기한다.

신정민의 시편에서 단독자의 고독은 유난하다. "새벽"을 죽음과 삶의 경계로 지각하는 「젖은 뼈」의 시적 양상은 사물에서 존재론으로 변전하고 있다. "풀벌레 소리가 만들어 낸 흰빛을" "새벽이라" 부르는 '나'는 죽음의 심연으로 침전하다 "살아 있다고 흰빛이 울어" 대는 현실로 귀환한다. 이와 같은 시적 존재론이 보다 구체적인 상관물을 얻어 제시되고 있는 시편이 「있는 듯 없는 듯」이다.

명천탕 옥상에 있는 시베리안 허스키가 짖질 않는다 수시로 짖어 대는 개 단속 좀 하라고 민원을 넣곤 했다 그런데 언제부턴가 개 짖는 소리가 끊겼고 사람들은 그만 심심해졌다 눈이 내리지 않는 마을에 사는 사람들은 개의 울부짖음을 이해할 수 없었다 개가 짖을 때마다 창밖에는 시베리아 벌판에 내린다는 눈발이 흩날렸었다 개가 짖으면 한여름 새벽에도 그렇게 솜사탕 같은 눈이 내렸는데 그 큰 눈송이를 아무도 보지 못했다는 건 불운이었다 빗자루 같은 꼬리를 흔들며 이 마을을 좋아했는데 혹독한 추위와 설원을 잊고 누구보다 이 마을의 기분을 이해했는데 사람들은 개의 기분을 알아주지 않았다 집을 지킬 수 없는 피가 흐른다는 것을 알아준 건 주말에만 오는 언니뿐이었다 산책은 유일한 낙이었다 눈이 보고 싶은 어느 여름날 나는 태어났음의 불편함을 덮고 머릿속에 저장해 두었던 시베리안 허스키의 목소리를 볼륨 높여 들었다 그래도 뭔가 부족한 어느 날 아침 명천탕 옥상에 올라갔다 파양된 하루를 시작하게 해 줄 개 짖는 소리를 흉내 내어 보기로 했다 마을을 향해 고개를 있는 힘껏 내밀고 우렁차게 짖었다 사람들은 다시 개 짖는 소리를 듣게 되었다 아무도 믿지 못할 눈이 하울링 하울링 내렸다

—「있는 듯 없는 듯」 전문

이 시편의 전반부는 "시베리안 허스키"의 이야기이고 후반부는 그에 투사한 시적 화자의 이야기이다. 어느 경우든 고독한 울음에 화답하는 환상이라는 의미를 내포한다. 하지만 이러한 현상을 아는 마을 사람은 없다. 야성이 사라지고 가시적인 것의 소통만 있을 뿐 비가시적인 부재는 이해되지 못한다. 신비를 지각하는 시적 화자 혹은 시인은 "파양된" 존재이다. "태어났음의 불편함"을 안고서 무위의 잠재력을 발산할 수밖에 없다. "개가 짖으면 한여름 새벽에도 그렇게 솜사탕 같은 눈이 내렸는데 그 큰 눈송이를 아무도 보지 못했다는 건 불운"이듯이 "있는 듯 없는 듯"한 세계의 상실로 난폭한 현실이 되었다. "집을 지킬 수 없는 피가 흐른

다는 것을 알아준 건 주말에만 오는 언니뿐이었다"라고 말하는 시적 화자는 시인의 피를 숙명으로 지녔다. 물론 이처럼 고절과 고독의 양식을 지닌다고 하여 시인을 유아주의라고 지시하지 않는다. 오히려 "피 말리는 보험 실적"(「막대그래프」) 같은 교환가치의 현실을 해제하고 새로운 가능성을 형성하는 수행으로 보아야 한다. 그래서 시인은 상처와 함께 살고자 하고(「수집」) 육친을 돌보며(「화분인간」, 「나비 지뢰」) 이웃을 염려하기도 한다(「아이스 브레이킹」, 「포」, 「기벽」).

「물 생활」에서 '나'와 "내가 기르는 물고기"의 거울 관계를 통하여 "죽는 날까지 비가 내리는 이상한 나라에 손바닥만 한 거울을 들이밀며 고독을 확인한다". 그런데 이러한 관계는 「지나치게 화려한 어둠 속에서」에서 비인간 사물과 교응하는 시적 자아의 표정으로 진전한다.

물은
온몸으로 분신을 들어 올렸다

물고기를
어떻게 물 밖에 묻을 것인가
고민하는 눈치였다

정원의 소녀를 뜰채로 건져 내고
제라늄 화분의 흙을 조금 팠다

여과기가 문득 조용해졌다

물을 묻었다

물고기가 죽을 때마다
묻었던 그 자리에서 피어나는 꽃잎들
허리 휜 물고기들

눈을 감지 못해서
깨어 있다 믿는 나의 행동을
지나치게 화려한 어둠이
빤히 쳐다보고 있었다

내 탓이요 내 탓이
이쑤시개로 십자가를 만들어 세웠다

물을 싫어하는
화분에 물을 줄 때마다

흙이 된 물고기들에게
미안함이 조금씩 줄어들었다
           —「지나치게 화려한 어둠 속에서」 전문

확실히 "내가 기르는 물고기는 인간이 되고 싶은 생각이 추호도 없다", "나 또한 물고기가 되고 싶은 생각이 추호도 없다는 결심으로 물을 배운다"라는 「물 생활」에서 나아간 시편이다. 이는 만물이 물이라거나 모든 것은 연결되어 있다는 식의 관념을 반복하지 않는다. 그보다 인간과 비인간, 사물의 관계를 공경과 모심의 태도로 구체적으로 이해하고 있다. 이러한 시적 화자의 입장이 있기에 일상의 사물은 존재를 움직이는 사건으로 다가온다. 가령 「페르시아나」는 "철제 커튼"이 드리운 거실에서 '나'와 열대어 '베타' 그리고 빛과 어둠이 서로 연관하여 "끼리끼리 내통하는 상처들"의 풍경을 그려 내고 있다. 사물의 표면 아래 움직이는 시적 화자의 몸과 정동이 선연하다. 이는 「맨홀」과 「피켓 보이」와 「울 100%」 등의 시편에서도 사물과 시적 화자의 마음이 움직이는 과정이 구체적인 이미지들을 매개하며 변주한다. 마르쿠스 가브리엘은 생각도 몸의 감각이라고 말하고 있는 바, 시인에게 이는 이미 사실이다. 그러니까 신정민은 사물을 오감으로 감각하는 한편 '생각 감각'으로 표현한다. 그럴 때 「맨홀」처럼 용광로는 강이 되고 맨홀은 동전으로 바뀌며 마침내 "절망을 응원하느라" 하늘을 향해 찡그린 눈이 된다. 「피켓 보이」가 말하듯이 "여기/기타 학원이 있다고/다라 뮤직 스튜디오 입구에 낡은 기타가 세워져" 있는 사실에서 비롯하여 "말 안 듣다 쫓겨나 대문 앞에서 벌 받는 동생"이나 "아무것도 할 수 없게 늙어서/길턱에 앉아 지나가는 것들 바라보는 소원 같다"는 직유를 지나서 "소리 없는 주법 속으로 새벽이 걷고 있듯/첫차를 타러 가는 누군가의 발걸음 또한 코드를 짚는 것"이라는 맥락으로 번져나 "못쓰게 된 기타/지금은 모든 노래를 다 부른 뒤//기타 등등이 되어도 괜찮다는 듯//마지막 일을 다하고" 있는 모습으로 그려진다. "시침 분침을 코바늘로 보고 있으면/스웨터가 생긴다"라는 구절로 시작하는 「울 100%」도 "생각은 언제나 코를 빠트린다/거기까지 돌아가려고 실을 풀면 배꼽이 보인다"라는 진술을 얻으면서 "보푸라기가 된 시간은 새벽기도가 한창인 그러니까/놀랍도록 환한 성전 같다 그렇게 방향에도 숙소가 있다"라는 의미의 비약에 도착한다. 단독자의 감각이 사물과 만나면서 획득한 시적 성취에 다를 바 없다.

3.

사건의 시학이자 사물의 시학인 신정민의 시 세계에서 관찰과 발견, 질문과 답변은 중요한 시적 과정이고 방법이다. 제목 붙이기에서 '파악'(「파악」), '관찰'(「여름을 부르는 관찰」), '분석'(「마음을 분석해 줄 공식이 있다면」) 등이 쓰이는 한편 "나는 왜 찬란한 봄의 꽃가루 알러지가 없는가"라는(「나는 왜 찬란한 봄의 꽃가루 알러지가 없는가」) 질문 형식의 표제가 더러 출현한다. 「파악」의 시적 화자는 "본능에 대해 비교 분석하는 쥐 철학자"를 자처한다. 이는 "살아야 할 곳으로의 적응 시간이 제일 긴 동물"인 "쥐"를 통하여 "돌아오려고 떠나는 세계에 대한 추구 같은" 인간 존재의 문제에 접근하려는 의도를 내포한다. 「여름을 부르는 관찰」은 청도 소싸움의 구경꾼이 되기 이전에 "만차가 될 때까지" "청도역전 택시에 앉아 전 좌석이 자유석인 싸움터를 미리 가 보는" 경험의 역설을 말하고 있다. 일상의 사건을 통하여 삶의 배리를 예민하게 감각하는 태도가 침착하다. 꿈과 현실을 몽타주한 시편이 「마음을 분석해 줄 공식이 있다면」이다. "누군가 오려 낸 등가죽을 보여 주었다/처음엔 희고 티 한 점 없었는데 잘 익은 딸기 씨앗처럼 피부의 숨구멍들이 점점 더 선명해졌다"라는 진술로 시작하는 이 시편은 곧 "그것이 무엇인가요"라는 물음으로 이어지고 "묻기도 전에 긴 타원형의 위치를 돌려 보여 주었다 그때 잘 닫혀 있는 항문인 듯 보이는 이곳이 이 악기의 주둥이라고" 답해진다. 그리고 다음처럼 시편의 나머지가 전개된다.

   이곳에 숨을 불어넣어 볼게

   튼 살이 만들어 낸 거무튀튀한 실선들이 부풀었다 바람이 새지 않게 묶어 놓은 목과 다리 넷은 보온 물주머니처럼 생긴 악기였다 나는 묶인 곳을 풀고 입을 대고 불었다

   조만간 터질 듯 부푼 풍선

   나는 이 꿈의 해몽을 위해 싫어하는 수학책 세 권을 빌렸다 만물의 공식과 작은 수학자의 생각실험 그리고 주사위 놀이였다

   꿈에 보았던 악기를 스케치해 놓은 포스트잇을 버리고 책을

읽기 시작했다 구멍 하나하나에 잘 익은 딸기 씨앗들이 아무
래도 분명했다

이상한 꿈에서 이상한, 이란 수사를 지워 주세요

땀구멍이 큰 등가죽을 보여 준 사람의 목소리를 들었다 그
것을 내게 보여 주기 위한 손가락이 보였다 놀랐는지 태연했
는지 땀구멍 하나하나가 까만 눈동자였다

등가죽의 방향을 다시 돌려 볼게요

꿈속에 돼지가죽 배가 떴다 부푼 가죽 배를 타고 강물이 가
자는 대로 떠내려갔다
— 「마음을 분석해 줄 공식이 있다면」 부분

시적 화자는 "보온 물주머니처럼 생긴 악기"를 부는 꿈을
꾸고 이 "꿈의 해몽을 위해 싫어하는 수학책 세 권", "만물
의 공식과 작은 수학자의 생각실험 그리고 주사위 놀이"를
빌려 읽는다. 책을 읽는 과정에서 "구멍 하나하나에 잘 익은
딸기 씨앗들이" 분명했는데 "땀구멍이 큰 등가죽을 보여 준
사람의 목소리"가 들리며 "땀구멍 하나하나가 까만 눈동자"
임이 밝혀진다. "이상한 꿈"이며 "수학책 세 권"으로 분석이
불가능하다. "등가죽의 방향을 다시 돌려" "꿈속에 돼지가
죽 배가 떴다 부푼 가죽 배를 타고 강물이 가자는 대로 떠내

려갔다"는 이야기로 끝난다. 꿈과 현실, 무의식과 의식 사이에 있는 "마음을 분석해 줄 공식이" 있을까? 마음은 강물처럼 흐르는 움직임 그 자체가 아닐까? 마음은 "땀구멍"-"딸기"-"까만 눈동자"의 변화만큼 생동하는 실체이다. 「마음을 분석해 줄 공식이 있다면」이 환기하듯이 신정민의 시적 질문과 답변은 자주 난해함을 동반한다. 레메디오스 바로의 그림 「마주침」을 텍스트로 삼은 시편은 "봄은 왜 여름이 되기로 했을까"라는 질문으로 대응한다(「봄은 왜 여름이 되기로 했을까」). 바로의 그림에서 "아직은 닫혀 있는 여름"을 읽은 셈이다. 세 가지 목소리가 혼재하는 「나는 왜 찬란한 봄의 꽃가루 알러지가 없는가」의 마지막 연은 "춤추는 빗줄기의 문장과 몸을 씻는 노파의 문장과 집행된 사형수의 문장은 동시에 기록된다 갈망은 신비로 비밀은 믿음으로 그런데 나는 왜 말더듬이가 아닌가 말이 나를 더듬을 때까지 기다리고만 있는가"라고 말한다. 느낌의 양식인 시는 말 이전에 있고 시인은 시가 되는 말을 기다리지 않을 수 없다. 일상의 사건과 사물을 마음으로 다가가는 시인의 피할 수 없는 숙명이므로 비의적인 질문을 거듭하는 일이 당연하다. 「가을은 왜 그토록 도망갔을까」에서 시적 화자는 "자귀나무 꽃"에서 "칼귀를 가진 여자의 단발머리"를 생각하고 "철학자의 머릿속에서 뛰어오른 맨발의 먼지들"을 상상하며 "돌풍에 올라앉은 새들의 부리"를 보고 마침내 "말이 되지 않으려는 보푸라기들"과 만난다. 그리고 표제를 통하여 "가을은 왜 그토록 도망갔을까"라고 묻는다. 풍경을 마주친 정동의 표출이라 하겠다. 이는 티베트의 경험을 담은 「봄은 왜 겨울을 버렸을까」에서 더욱 구체적이다. "목구멍 깊은 곳에 남은 알약"처럼 "살아 있는 한 살아가야 할 겨울은/쓰디쓴 믿음"이라는 생각을 표출하고 있다.

    잡은 물고기는 먹지 않는다는 낚시꾼에게 먹지도 않을 것을 왜 잡냐고 물었다 배시시 웃기만 했다 모든 질문에 대답이 있어야 할 필요는 없으니까 밑밥 뿌려 놓고 손맛 기다리는 것 어종이 무엇이든 그것이 올 때까지 기다리는 것 그게 전부라던 묵묵부답 그 후로 내겐 깊은 밤 정수리에 던져진 누군가의 작은 불씨 한 점 바라보는 취미가 생겼다 아름다운 게 뭔지 물을 수 있지만 그저 사람들의 꿈이 모두 야행성 물고기라는 것 허탕 치는 날 수두룩해도 잡은 물고기를 물속에 던져 준 것에 대하여 후회 같은 건 해 본 적 없다는 낚시꾼이 생각날 때마다 내겐 언제나 새로운 밤이 찾아왔다 걸핏하면 올라오는 불면이라는 물고기 아름다운 정서 물의 속살들 보이지 않는 싱싱한 감정들 씨알 작은 몸짓들 놓친 고기는 항상 크더라 언젠가 진주 남강 다리에서 내려다보았던 물고기 한 마리 물살 거슬러 오르는 것 아니라 물결 다치지 않게 비켜 주는 거였다 기다리지 않아도 오고 있는 새벽 때문에 자취 없는 어둠이 사람에게 스며들면 거리의 점멸등 입질인 듯 깜빡거렸다

—「찌」 전문

    기다림은 비어 있는 시간과 공명하는 일이다. 시간에 소

유와 교환가치가 부여된 현실에서 기다림은 무익한 일로 치부되기 쉽다. 하지만 인용한 시편의 "낚시꾼"처럼 "밑밥 뿌려 놓고 손맛 기다리는 것 어종이 무엇이든 그것이 올 때까지 기다리는 것 그게 전부"인 사람에게 기다림은 관심과 마음 씀에 다름이 아니다. 「찌」의 시적 화자는 "먹지도 않을 것을 왜 잡냐"라는 물음에 웃음과 "묵묵부답"으로 화답하는 그의 태도에 공감한다. 마치 사뮈엘 베케트의 「고도를 기다리며」가 기다림 그 자체를 말하듯이 시적 화자 또한 기다림을 존재가 살아 내는 방식으로 받아들인다. 이처럼 기다림은 사유가 아니며 경험이다. 그리고 시인은 기다리는 사람이다. 시간이 돈이 된 세계에서 시는 기다림의 무용지용(無用之用), "쉽거나 한가로워 아무것도 아닌 일"에 가깝다(「면의 이해」). 시인은 사물에 스며드는 무위의 느낌으로 시를 발현한다. 기다리는 사람만 사물의 특이함을 지각하고 말할 수 있다. 시집의 마지막 시편인 「나의 맹인은 왜 하필 벽 속을 더듬어 오시나」가 진술하듯이 시는 침묵 속에서 나와 맹인의 걸음으로 다가온다. "벽 속을 걷는 것이 유일한 운동"이며 "나와 그만 아는 길이 벽 속에 있다".